AF453726

ÉTUDES

DE

SCIENCE MUSICALE

ÉTUDES

DE

SCIENCE MUSICALE

PAR

A. DECHEVRENS. S. J.

IIe ÉTUDE

APPENDICE IV

DE LA MUSIQUE ARABE

PARIS

CHEZ L'AUTEUR, 26, RUE LHOMOND

EN DÉPÔT

Mlles BLANC, Typographie musicale, 4, rue Malebranche

1898

DEUXIÈME ÉTUDE

APPENDICE IV

LA MUSIQUE ARABE

A PROPOS D'UNE CONFÉRENCE FAITE PAR DOM PARISOT, O. S. B. DANS LA SALLE
DE LA SOCIÉTÉ DE SAINT-JEAN, A PARIS

(*le 28 février* 1898)

Il y a trois ans passés, au Congrès musical de Bordeaux, je signalais
dans un Mémoire la nécessité de joindre à l'étude de nos auteurs et de
nos manuscrits du chant grégorien celle des chants liturgiques en usage
dans les Églises orientales, voire dans les synagogues juives. « Séparer,
disais-je, notre musique sacrée des systèmes musicaux contemporains et
analogues, ne considérer qu'elle et négliger les rapports qu'elle a dû
avoir avec ces divers systèmes, constitue un procédé peu scientifique, qui
expose infailliblement à beaucoup d'ignorances et d'erreurs.

« Ce qu'il faut, au contraire, c'est de rattacher la musique grégorienne
à son origine au moins probable, c'est de la replacer dans son milieu, en
l'entourant de tous les systèmes avec lesquels elle s'est trouvée en relations, de les comparer les uns avec les autres, de découvrir en quoi ils
se ressemblent, par quoi ils diffèrent, afin d'éclairer par ces rapproche-
ments les points encore obscurs du système grégorien. Telle est, je crois,
la vraie méthode scientifique, la seule qui puisse faire la lumière et
apporter au problème toute la solution possible [1]. »

---

[1] *Mémoire sur la restauration de la musique grégorienne*, présenté au Congrès musical de
Bordeaux, par le R. P. A. Dechevrens, S. J. — 9-11 juillet 1895. — Cf. *Revue de musique reli-*

1

Ma voix a-t-elle été entendue ? Cet appel à un genre d'études et à des procédés nouveaux d'investigation scientifique a-t-il produit son effet? Je me garderai, certes, de commettre le paralogisme connu : *hoc post hoc, ergo propter hoc.* Toujours est-il que de divers côtés on s'est mis à l'œuvre depuis lors. Voici qu'on nous annonce, en préparation chez les R. P. Bénédictins, le Recueil complet des chants ecclésiastiques des Maronites et celui également des airs liturgiques en usage chez les Syriens et les Chaldéens ; les Pères Blancs de Jérusalem, les Pères Assomptionnistes de Constantinople, promettent, eux aussi, des travaux considérables sur les chants liturgiques des Grecs.

Rien de mieux, assurément, et nous ne pouvons que bien augurer de cet ensemble d'efforts, tous convergents vers le même but : étudier la liturgie chrétienne tout entière, au point de vue de l'art musical ; établir les relations qui ont existé jadis, entre les Églises sœurs d'Orient et d'Occident. Nous sommes persuadé que, grâce à ces études, l'unité d'origine deviendra de plus en plus manifeste entre des systèmes aujourd'hui d'apparence si dissemblable, et que, dans cette communauté de systèmes, notre musique grégorienne retrouvera ce qu'elle a perdu depuis des siècles, l'intégrité et la perfection de sa forme artistique.

En attendant et comme première contribution à ce genre d'études, un Père bénédictin de Ligugé, Dom J. Parisot, nous a donné dans une conférence [1] un aperçu sommaire, mais substantiel, de la théorie musicale chez les Arabes syriens. Pour la science comme pour l'art musical, le sujet était intéressant ; mais les étroites limites d'une conférence et ses conditions peu favorables à l'exposition d'une théorie fort embrouillée, même devant un auditoire choisi comme celui de la salle Saint-Jean, n'ont pu que gêner beaucoup l'orateur, en ne lui permettant pas de donner à son sujet tout le développement qu'il eût exigé pour être compris.

---

gieuse, J. Mingardon, directeur. Marseille, février 1896, p. 80. — Depuis cette époque, les *Études* annoncées dans le *Mémoire* ont été publiées ; elles forment trois volumes, grand in-8°, et traitent les deux questions importantes relatives à la musique grégorienne : théorie harmonique ou fondamentale, et théorie rythmique. Chaque volume, prix net : 12 fr. 50, à la Typographie musicale des demoiselles Blanc, 4, rue Malebranche, Paris.

[1] Prononcée, le 28 février dernier, dans la salle de la Société de Saint-Jean, à Paris. Elle a paru ensuite dans *la Tribune de Saint-Gervais*, et se trouve en vente aux bureaux de la *Scola Cantorum*, 15, rue Stanislas, Paris.

N'importe ; ce que nous avons entendu et ce que nous pouvons lire aujourd'hui de cette conférence est instructif sous plus d'un rapport. Je n'ai point l'intention de le résumer ici pour mes lecteurs. Le travail entier du docte bénédictin ne dépasse pas vingt pages, et je ne saurais plus ni mieux résumer la théorie qu'il y expose ; c'est lui qu'il faut lire. Mais on me permettra un autre essai, celui de compléter en quelque sorte son travail, en faisant ce qu'il n'a pu faire, une étude critique du système que sa conférence signale à notre attention. Ce sera pour nous l'occasion de parler d'une autre musique arabe, dont le Révérend Père ne nous a rien dit, mais qui mérite bien qu'on l'étudie. Le lecteur en jugera lui-même.

Trois points sont successivement touchés dans la conférence : caractère général de la musique arabe, constitution de sa gamme, formation des modes. Je crois inutile de m'arrêter à la première partie, nécessairement plus *subjective* qu'*objective*. Il ne s'agit guère, en effet, que de comparer deux genres d'impressions fort différentes, produites sur nous et sur les Orientaux par nos musiques respectives. Or il est évident, que deux éducations musicales aussi éloignées l'une de l'autre ne sont pas faites pour sympathiser de prime abord. Aussi n'est-ce point par l'audition seulement qu'il convient de juger une musique étrangère, d'autant que l'exécution peut en être fort défectueuse, comme il arrive le plus souvent pour les chants des Orientaux, sacrés et profanes. On ne s'en fera une idée un peu exacte qu'en étudiant la théorie elle-même d'abord, puis les œuvres des maîtres dans une notation fidèle, mais moins imparfaite que la leur.

Les deux autres points traités par le conférencier ne renferment certainement pas toute la théorie musicale ; ils en sont du moins la partie la plus importante, celle qui nous fera le mieux connaître ce que vaut la musique des Arabes. Voyons-les donc.

PREMIÈRE PARTIE

CONSTITUTION DE LA GAMME ARABE

J'ai expliqué, dans la première de mes *Études de Science musicale*, le mode de formation de l'échelle musicale par la résonance harmonique et la génération des quintes ou douzièmes. L'explication n'est pas de moi, on voudra bien le remarquer ; dans tout ce qu'elle a d'essentiel, elle est empruntée aux théories musicales les plus anciennes et les mieux fondées, sous le rapport scientifique ; à la musique des Chinois, deux ou trois mille ans avant l'ère chrétienne ; à celle des Égyptiens et, d'après eux. de Pythagore et des Grecs, ses disciples ; enfin à la musique grégorienne, expliquée par les premiers maîtres du moyen âge.

Tous ces systèmes musicaux, en effet, ont comme base une échelle des sons formée et constituée de la même manière, échelle purement diatonique pour les uns et plus ou moins chromatique pour les autres. Et cette échelle, outre qu'elle repose sur des données absolument scientifiques, satisfait encore les oreilles les plus délicates, les plus musicales, ainsi que l'ont démontré d'une façon évidente les expériences faites, il y a trente ans, par MM. Cornu et Mercadier[1]. L'art et la science s'unissent donc, à travers les siècles, pour justifier la constitution de cette échelle musicale, qui aujourd'hui encore est nôtre.

Or, l'échelle de la musique arabe ne ressemble point à celle-là ; ses degrés sont disposés d'une tout autre manière et avec des valeurs acoustiques pour le moins étranges. « Mais disons tout de suite, ajoute Dom Parisot, avec les théoriciens arabes eux-mêmes, qu'il n'en était pas ainsi à l'origine et que l'échelle arabe fut primitivement une échelle diatonique pure. Les altérations qu'elle présenta dans la suite, sont des importations étrangères dues à l'influence de la musique persane d'une

---

[1] Cf. *Comptes rendus de l'Académie des Sciences*. Nos des 8 et 22 février 1889.

part et, de l'autre, à la musique grecque. » Prenons acte de cet aveu, il a son importance.

Dom Parisot, en effet, nous expose la théorie musicale des Arabes syriens, de Damas et d'Alep. Certes, oui, l'influence étrangère est là manifeste, dans la composition de l'échelle qui n'est plus diatonique, et dans la constitution des modes bien différente de ce qui existe ailleurs. Rien d'étonnant ; les Arabes de ces contrées ont fait, pour leur musique, et sous l'empire des mêmes causes, ce que les chrétiens orientaux ont fait pour la leur : ils l'ont laissée se corrompre par le mélange d'éléments divers, empruntés aux peuples vainqueurs, aux Grecs et aux Turcs.

Mais un auteur consciencieux, Salvador Daniel, qui a longtemps vécu au milieu des Arabes d'Afrique et qui a fait de leur musique une étude particulièrement sérieuse, y trouve tout autre chose[1]. Le classement des sons y est par tons et demi-tons seulement ; des douze modes, dont ils font usage dans leur musique, les huit premiers sont absolument semblables aux huit tons de la musique grégorienne, et les quatre derniers sont des modes semi-chromatiques, à la manière de notre gamme du mode mineur, comme on le verra plus loin.

De même, les Coptes d'Égypte ont introduit dans leur liturgie un certain nombre de chants arabes. Tous sont composés sur une échelle purement diatonique et ils semblent bien appartenir à un même système modal que les chants coptes eux-mêmes[2].

Ainsi, la théorie exposée par Dom Parisot dans sa conférence ne serait pas universelle parmi les Arabes, elle appartiendrait aux Arabes de Syrie seulement et, peut-être, de quelques autres contrées, où l'influence de la musique turque s'est fait également sentir. Au contraire, en Afrique, en Égypte et en Espagne, les traditions primitives sont demeurées vivantes, et la musique garde, de nos jours encore, ce cachet de simplicité qu'elle

---

[1] *La Musique arabe*, par Francesco Salvador DANIEL, Alger, 1879. Il faut dire aussi que, dans ces contrées, « les Arabes n'écrivent pas leur musique ; ils n'ont plus aucune espèce de théorie. Tous chantent ou jouent de routine, sans savoir, le plus souvent, dans quel mode est l'air qu'ils exécutent. » Damas, au contraire, et la Syrie, ont eu leurs savants qui, à diverses époques, ont prétendu régenter la musique et la réformer, mais n'ont réussi qu'à en corrompre la simplicité primitive. La même chose est arrivée aux Grecs dans leur musique ecclésiastique. Cf. *Etudes de Science musicale*, IIe Et., App. II.

[2] Cf. *Chants liturgiques des Coptes*, notés et mis en ordre par le P. J. BLIN, S. J. — Le Caire, Imprimerie Nationale, 1888.

possédait partout jadis en Orient. Nous verrons bientôt l'intérêt qu'il y a, pour nous et pour la musique grégorienne, à constater cette différence.

Suivant une ancienne tradition, attestée par Safi-Eddin, nous dit le Révérend Père, l'échelle musicale des Arabes était formée par la division d'une corde en douze parties égales, d'où résultait la série des sons :

$$\text{Division} : \quad \frac{12}{12} - \frac{11}{12} - \frac{10}{12} - \frac{9}{12} - \frac{8}{12} - \frac{7}{12} - \frac{6}{12}$$

$$\text{Notes} : \quad Ut - (re) - mi\flat - fa - sol - (la) - Ut.$$

$$\text{Valeurs acoustiques} : \quad 1 - \frac{11}{12} - \frac{5}{6} - \frac{3}{4} - \frac{2}{3} - \frac{7}{12} - \frac{1}{2}$$

S'il en avait été ainsi, l'échelle musicale n'aurait pas été complète; elle ne renferme que sept sons, au lieu de huit qui, dans tous les systèmes connus, remplissent l'intervalle de *diapason*. De plus, ses degrés eussent été disposés comme on ne les trouve nulle part ailleurs. Il n'y en a pas deux qui observent entre eux les mêmes proportions, mais tous ensemble ils forment une série d'intervalles de valeur croissante, depuis l'intervalle d'*ut* à *re*, qui est ici supérieur au demi-ton mineur, jusqu'à l'intervalle de *la* à *ut*, lequel n'égale pas celui de tierce mineure [1]. Quatre intervalles seulement sont pareils aux nôtres et à ceux de toute l'antiquité : le ton $\frac{8}{9}$ de *fa* à *sol*, la quarte $\frac{3}{4}$ d'*ut* à *fa*, la quinte $\frac{2}{3}$ d'*ut* à *sol*, et l'octave $\frac{1}{2}$ d'*ut* à *ut*. Tous les autres sont dans des proportions inconnues ailleurs qu'en Syrie.

Il est permis de ne voir dans cette prétendue échelle de Safi-Eddin,

---

[1] La seule inspection des nombres ci-dessus indiquera suffisamment aux mathématiciens la valeur toujours croissante des intervalles. On peut les comparer avec ceux de l'échelle chromatique par bémols, qui se trouve au premier volume de mes Études (p. 28) et constater les différences. J'ai montré dans cette même Étude (p. 16 et sq.) comment la résonance harmonique produit, elle aussi, de FA_2 à FA_3, une gamme composée de neuf degrés, formant entre eux des intervalles toujours décroissants, depuis le ton $\frac{9}{8}$ jusqu'au demi-ton diatonique $\frac{16}{15}$. Cette gamme serait encore plus naturelle que celle de Safi-Eddin; elle n'a cependant existé nulle part.

qu'une application malhabile et fort peu scientifique des théories grecques sur la constitution de l'échelle musicale. Le point de départ est l'échelle pythagoricienne, partout connue dans le monde gréco-romain, ou encore, ce qui revient au même, l'échelle du premier mode chez les anciens Arabes (mode *Irak*). L'une et l'autre, en effet, débutent par un tétracorde de troisième espèce, à peu de choses près semblable à celui de Safi-Eddin :

Échelle pytagoricienne : *LA - SI - DO - RE - MI - FA - SOL - la*

Échelle du mode Irak : *RE - MI - FA - SOL - la - si - do - re*

Échelle de Safi-Eddin : *DO - RE - MI♭ - FA - SOL - la - do*

Mais il fallait réaliser cette échelle sur le monocorde qui, dès la plus haute antiquité, servait de règle aux intonations musicales. Les musiciens arabes qui connaissaient, sans doute, la théorie d'Aristoxène sur la division de la gamme en douze demi-tons égaux, tout en ne la comprenant que d'une manière très imparfaite, imaginèrent d'appliquer cette division au monocorde lui-même et de trouver ainsi les vrais intervalles de l'échelle musicale. Le monocorde fut donc divisé par eux en douze parties égales. Plaçant alors le chevalet mobile, ou *magas*, successivement sur chacune de ces divisions, ils obtinrent non pas ce qu'ils espéraient, c'est-à-dire les douze demi-tons de la gamme, mais une série de sons, dont les cinq premiers au moins reproduisent à peu près les degrés correspondants de l'échelle pythagoricienne ou du mode Irak. Pour eux c'était bien suffisant; par ce moyen simple et commode, ils formèrent leur échelle et fixèrent la valeur des intervalles qui composent le tétracorde. C'était le commencement d'une théorie qui se développa dans la suite.

Les Grecs, depuis Aristoxène, avaient en musique des genres, des modes et aussi des couleurs, c'est-à-dire une manière de diviser le tétracorde (système de quatre cordes, dont les extrêmes forment la consonance de quarte mineure) en intervalles plus grands ou plus petits, suivant qu'ils le jugeaient propre à varier la composition des mélodies et à leur donner un caractère particulier. Aristoxène comptait six couleurs : deux

pour le genre diatonique, trois pour le genre chromatique et une seule
pour le genre enharmonique[1].

Les théoriciens arabes crurent bon de transporter dans leur propre
musique ce procédé des Grecs. Ils commencèrent par leur emprunter leur
double tétracorde des synemmenon et des diezeugmenon, et ils purent
ainsi faire entendre dans leurs mélodies tantôt la tierce mineure avec les
synemmenon et tantôt la tierce majeure avec les diezeugmenon :

Tierce mineure.	DO - RE - MI♭ - FA - SOL
Tierce majeure.	DO - RE - MI♮ - FA - SOL

Puis, vers le VIIIe siècle, Mansour ibn Jafar imagina, par un système
de *subduction* qui devint assez à la mode, de fondre le degré synemmenon et le degré diezeugmenon en un seul degré, moyen entre les deux.
Le tétracorde renferma dès lors trois espèces de tierces : tierce mineure
primitive (do - $mi♭$), tierce majeure du diezeugmenon (do - $mi♮$) et enfin
tierce neutre ou moyenne $\left(do - \dfrac{mi♮}{mi♭} \right)$.

Des subductions de ce genre furent également pratiquées vers cette
même époque par les musiciens occidentaux. Guy d'Arezzo, qui les
jugeait dangereuses pour la musique grégorienne et la pureté de ses mélodies, voulut au moins en réduire l'usage à un minimum, c'est-à-dire au
cas seulement où, comme ici, on prend une moyenne entre deux degrés
de la gamme distants d'un demi-ton[2]. Aujourd'hui encore les Grecs ont
recours à ces subductions dans leur musique ecclésiastique, et ils pré-
tendent les justifier par une sorte de loi d'attraction qui sollicite certains
sons à se rapprocher plus que de nature[3]. Mais, quelque part qu'on le
rencontre et de quelque manière qu'on le pratique, le procédé ne vaut
rien ; l'oreille peut s'y faire à la longue ; l'art aussi bien que la science le
réprouvent.

La décadence musicale chez les Arabes de Syrie ne fit, après cela, que
s'accentuer de plus en plus. Sous prétexte d'enrichir la musique, on mul-
tiplia le nombre des degrés et des intervalles dans le tétracorde, si bien,

---

[1] Cf. Boèce, *De Musica*, lib. V, cap. xv. — Voir plus loin, p. 18 (notes), ces tétracordes
des trois genres et des six couleurs, d'après Aristoxène.

[2] Cf. *Études de science musicale*, IIe Ét., ch. iii, 107.

[3] *Ibid*, p. 110 (note).

observe Dom Parisot, que finalement, c'est-à-dire depuis le xiiiᵉ ou le
xivᵉ siècle, « nous sommes en présence d'une série de onze sons, dont
trois invariables (*do - re - fa*) et sept de rechange, entre les extrèmes *do*
et *fa* constituant l'accord ancien de la première corde du luth arabe[1]. »

Que cette multiplication fantaisiste des intervalles ait produit la confusion chez les théoriciens de la musique arabe, on ne peut s'en étonner.
Mais heureusement, « quoi qu'aient pu faire les théoriciens, leurs doctrines demeurèrent trop impopulaires pour être mises en pratique par
d'autres que par eux-mêmes ou leurs disciples. Peut-être ce système
n'exista-t-il qu'en théorie; en tout cas, le peuple ne l'adopta point[2]. »

Enfin, vers 1830, un musicien de Damas, Michel Meshaqa, pour
débrouiller ce chaos, introduisit dans la musique arabe le système du tempérament, dont fait usage la musique européenne. Il divisa l'intervalle
d'octave, non pas en douze demi-tons, mais en vingt-quatre quarts de ton,
tous égaux; l'échelle totale des sons comprit deux octaves semblables, et
tous ses degrés reçurent un nom particulier, pour les distinguer les uns
des autres, ainsi qu'avaient fait les Grecs autrefois. Dès lors le tétracorde
se trouva divisé en dix intervalles et ces intervalles, si bizarres auparavant,
eurent au moins le mérite d'une régularité parfaite. Tous sont des dièzes
enharmoniques, de même valeur que ceux de la musique gréco-romaine,
c'est-à-dire des quarts de ton.

Mais il convient de remarquer que cette échelle de quarante-neuf
degrés pour les deux octaves n'est pas, à proprement parler, l'échelle
mélodique des Arabes; elle est pour eux ce qu'est pour nous l'échelle
chromatique par demi-tons, l'ensemble de tous les sons usités dans la
mélodie, un magasin d'intervalles, où l'art musical trouve ses matériaux,
sauf à les ordonner suivant certaines lois et à ne les employer que d'une
manière artistique.

A ce point de vue, la musique arabe ne connait que trois intervalles
simples : le grand intervalle, qui contient quatre dièzes et équivaut à notre
ton majeur; le petit intervalle, formé de deux dièzes et dont la valeur est
exactement d'un demi-ton tempéré; enfin l'intervalle moyen, de trois
dièzes, qui est à peu près notre ton mineur. Tous les autres intervalles

---

[1] *Conf.*, p. 13.
[2] *Ibid.*, p. 15.

sont composés de ceux-là, comme chez nous d'ailleurs, valeur acoustique à part. Le quart de ton n'existe chez les Arabes que comme division théorique ; il n'entre pas dans la composition des gammes et ne se fait jamais entendre dans les mélodies. Ils ne connaissent donc que deux genres, le diatonique et le chromatique, mais avec des espèces ou couleurs plus nombreuses encore que celles des Grecs aristoxéniens[1].

Remarquons ici une ressemblance frappante entre le système arabe et celui des Grecs modernes dans leur musique ecclésiastique[2]. Ces derniers admettent aussi trois sortes d'intervalles simples, appelés *tons :* le ton majeur, le ton mineur et le ton minime, dont la valeur est à peu près celle des intervalles arabes. Mais les Grecs, pour réaliser ces intervalles, en sont encore, ce semble, à la division du monocorde en parties égales. Ils comptent soixante-huit parties dans la longueur totale de la corde ; puis, au moyen du chevalet mobile, ils retranchent d'abord sept de ces parties, et le reste de la corde sonne le ton minime au-dessus du son fondamental ; c'est l'intervalle de demi-ton, mais notablement plus fort que le nôtre. Ils retranchent de la même manière neuf parties, et ils obtiennent leur intervalle de ton mineur, toujours au-dessus de la fondamentale. Enfin, en retranchant douze parties, les cinquante-six qui restent sonnent le ton majeur[3]. 7, 9, 12 représentent ainsi leurs trois tons diatoniques ; les trois tons réunis forment un tétracorde ; deux tétracordes superposés, avec ton majeur disjonctif ou complémentaire (la *séparante* des Arabes) constituent l'échelle musicale :

$$12 \quad 9 \quad 7 \quad 12 \quad 12 \quad 9 \quad 7$$

$$DO - RE - MI - FA - SOL - la - si - do.$$

et la somme de tous les tons composant la gamme est encore 68.

---

[1] La réforme de Meshaqa ne semble pas avoir prévalu ailleurs qu'en Syrie. En 1887, les savants de l'Institut égyptien constataient, dans leur séance du 3 décembre, que chez eux les gammes musicales ne comportent ni intervalles de quart de ton ni intervalles de demi-ton, mais seulement d'un tiers et de deux tiers de ton, de ton mineur et de ton majeur. La confusion des siècles passés règne donc encore parmi ces sages de l'Égypte. Les Anglais y changeront-ils quelque chose ?

[2] Cf. *Études de Science musicale*, IIe Ét., App. II, ch. I, p. 350.

[3] Pourquoi ces nombres de 7, 9, 12, et ce total de soixante-huit parties ? Les auteurs ne ne le disent pas et je n'ai pu le deviner, ne trouvant rien qui y ressemble dans les autres systèmes musicaux.

En outre, les Grecs aussi bien que les Arabes, par une certaine variété dans la distribution des tons majeurs, mineurs et minimes, obtiennent plusieurs genres, modes et couleurs; avec cette différence toutefois que les Arabes n'admettent ni l'intervalle du quart de ton, ni le genre enharmonique qui en découle, tandis que les Grecs modernes en ont conservé l'usage dans leurs mélodies. Ils vont même plus loin : ils donnent à ce dièze enharmonique deux valeurs différentes, l'une de trois parties, exactement le quart de douze et, selon eux, du ton majeur, l'autre de cinq parties, une moyenne entre le quart de ton et le demi-ton. De là une diversité plus grande encore dans la composition de leurs échelles modales. Aucun principe, il est vrai, ne préside à leur formation, tout dépend du caprice et des goûts plus ou moins fantaisistes des musiciens, qui ne se guident que par l'oreille; mais, sous ce rapport, Grecs et Arabes agissent de même et, sans le savoir, ils sont bien tous de l'école d'Aristoxène.

Qu'est-ce, sinon la preuve d'une décadence profonde de la musique arabe comme de la musique ecclésiastique des Grecs? A l'origine et durant plusieurs siècles, Arabes et chrétiens avaient une même théorie musicale, qui n'était pas celle des Gréco-Romains d'alors. Cette théorie s'est conservée dans la musique grégorienne; on la retrouve également, nous le verrons mieux tout à l'heure, chez les Arabes d'Espagne, d'Afrique et d'Égypte, avec quelques additions qui ne lui enlèvent pas son caractère de simplicité et de naturel antique. Or, suivant cette théorie, les sons de l'échelle musicale, leur nombre, leurs intervalles, leur disposition respective, l'échelle tout entière en un mot, sont déterminés conformément à certains principes que la science approuve et qui sont, d'ailleurs, d'une extrême simplicité. J'ai montré, dans ma IIᵉ Étude (chap. ii), comment s'y prenaient les premiers théoriciens de la musique grégorienne pour établir le *canon harmonique*, c'est-à-dire la vraie mesure de tous les intervalles musicaux, et l'on a vu par la Iʳᵉ Étude, que cette manière de procéder est réellement des plus scientifiques, étant fondée sur un fait naturel, bien constaté aujourd'hui en acoustique, le phénomène de la résonance harmonique.

Voilà l'échelle qui n'a pas cessé d'être en usage parmi nous; les Arabes occidentaux l'ont aussi conservée, non en vertu de principes scien-

tifiques qu'ils ignorent, mais parce que cette échelle est la seule conforme
à la nature et que, chez eux, la nature n'a été ni détruite, ni viciée par
une fausse éducation musicale. Les Arabes orientaux, au contraire, et les
Grecs modernes, entre le xe et le xive siècle, ont abandonné les traditions de leurs pères et se sont jetés dans des innovations aussi peu scientifiques que funestes à l'art musical lui-même. Qu'y ont-ils trouvé, sinon
la décadence et la ruine?

DEUXIÈME PARTIE

FORMATION DES MODES

Pour constituer leur échelle musicale et déterminer les intervalles des
sons qui la composent, les Arabes de Syrie, comme les chrétiens de la
Grèce, se sont inspirés surtout de la théorie grecque ancienne et de sa
manière de diviser le tétracorde, d'en former des genres, des espèces et
des couleurs. Mais, pour ce qui regarde la constitution des échelles modales
et la distinction des modes eux-mêmes, il semble que ce soit à la musique
persane ou turque qu'ils ont demandé des modèles, plutôt qu'à la Grèce
et à Rome.

Il est difficile de se faire une idée précise et assez complète de ce que
les Orientaux entendent par *mode musical*. Eux-mêmes, d'ailleurs, ont-ils
sur ce point des notions claires, une théorie qui découle de principes certains? Évidemment non; l'absence d'une théorie semblable, que l'on peut
constater déjà chez les Grecs de l'antiquité et jusque chez les maîtres du
moyen âge, en Occident, se fait plus sentir encore chez les Arabes, chez
les Grecs modernes et, en général, dans toutes les musiques orientales.
De là le peu d'accord qui existe entre leurs systèmes, malgré les
emprunts et les imitations évidentes. Chaque théoricien, pour peu qu'il se
croie de la science, imagine les choses à sa manière et forge des modes,
qui ne sont, en réalité, que des combinaisons d'intervalles de pure fantaisie, sans rien de ce qui constitue un mode véritable. On pourrait de la
sorte les multiplier sans fin, et c'est ce qui arrive chez les Orientaux.

Ainsi j'ai montré comment les Grecs, tout en continuant de compter huit modes dans leur musique liturgique, quatre authentiques et quatre plagaux, en ont cependant composé les échelles avec une telle diversité d'intervalles et de systèmes tricordaux, tétracordaux, pentacordaux et octacordaux, qu'ils se trouvent posséder réellement vingt-sept échelles modales, c'est-à-dire autant de modes distincts, suivant les idées orientales[1]. Les Turcs vont plus loin encore. Stephanos Michael (Étienne le Lampadaire) énumère dans leur musique soixante-quatre modes différents, dont il s'efforce d'établir la concordance avec les huit modes ecclésiastiques, comme s'ils n'en étaient effectivement que des variétés, distinctes par la couleur, mais identiques quant à l'espèce. Et cette opinion ne laisse pas que d'avoir un fond de vérité.

Quant aux Arabes de Syrie, leur système modal n'est pas moins compliqué ni moins obscur, à en juger par ce qu'en rapporte Dom Parisot. On a peine, il est vrai, à suivre son explication des théories successivement admises par eux, depuis le moyen âge jusqu'à nos jours ; théories, d'ailleurs, qui ne s'accordent pas toujours avec la pratique et que tout musicien de renom peut changer d'un jour à l'autre. C'est un sujet qui eût demandé de plus longs développements ; une moitié de conférence n'y pouvait suffire. Je tâcherai d'y suppléer le moins mal possible, en rapprochant et en comparant l'un avec l'autre les trois systèmes qui composent la musique arabe, je veux dire le système modal des anciens Grecs, celui des Arabes de Syrie et celui des Arabes d'Afrique. C'est le seul moyen d'arriver à les bien comprendre.

I. — Système modal des Gréco-Romains

Le point de départ de toute théorie modale est dans ce fait naturel et connu de tout temps, que les sons musicaux nous impressionnent différemment, suivant qu'ils sont ordonnés entre eux à des intervalles différents. Supposez que l'échelle musicale ne renfermât que des sons placés tous à intervalles égaux ; que l'octave, par exemple, fût composée de six

---

[1] Cf. *Études de Science musicale*, IIe Ét., App. II, ch. IV.

tons pleins, sans interposition de demi-tons. Cette échelle serait nécessairement unique et toujours constituée de la même manière; aucune autre variété n'y serait possible que de la rendre plus grave ou plus aiguë, et ainsi il y aurait en musique des *tons*, il n'y aurait pas de *modes*.

Dès lors, au contraire, que les sons se succèdent à intervalles inégaux et que cette inégalité peut être ordonnée, il s'ensuit naturellement que la succession des sons produit sur notre organisme des impressions aussi variées que la manière dont les intervalles musicaux sont distribués et ordonnés entre eux. Nous avons, de ce fait, ai-je dit ailleurs [1], un exemple dans le premier pentacorde de nos deux modes, majeur et mineur :

$$SOL-FA-MI\natural-RE-DO \quad \text{et} \quad SOL-FA-MI\flat-RE-DO$$

qui ont chacun pour nous une expression bien différente, l'un de tristesse et de résignation, l'autre de fermeté et de courage.

D'où vient la différence? De part et d'autre les intervalles sont les mêmes, trois tons et un demi-ton; mais ces intervalles sont ordonnés différemment dans les deux pentacordes. C'en est assez pour qu'ils produisent sur notre nature sensible une impression toute différente. Et il en est ainsi naturellement des mélodies composées avec ces deux pentacordes ou d'autres analogues, dans lesquels les intervalles des sons se trouvent ordonnés suivant un ordre particulier et toujours *sui generis*. Là, dis-je, est le point de départ de la théorie modale. Restait à parvenir au but et à en tracer le chemin, à déterminer de combien de manières les sons peuvent se succéder en musique et être ordonnés entre eux, pour devenir aptes à produire certaines impressions, pour posséder un caractère, un *ethos* spécial.

Pour cela, on a commencé par réunir les sons en *systèmes*, c'est-à-dire à les assembler et à les ordonner de telle sorte qu'ils forment un groupe mélodique; et par groupe mélodique j'entends un ensemble de sons et d'intervalles, d'où un artiste peut tirer de véritables mélodies, des phrases musicales offrant un sens complet. Or, étant donné, ce dont

---

[1] Cf. II⁰ Ét. ch. IV, p. 234.

témoigne l'histoire de la musique, que l'échelle musicale diatonique, avec ses intervalles de tons et de demi-tons disposés par octaves, est tout à la fois la plus naturelle, la plus ancienne et la plus universellement pratiquée, on trouva que les sons musicaux se groupent d'eux-mêmes pour ainsi dire de trois manières, forment, par conséquent, trois systèmes harmoniques entre eux et se complétant l'un par l'autre : un *tétracorde*, quatre sons et trois intervalles (*MI-FA-SOL–La*); un *pentacorde*, cinq sons, quatre intervalles (*MI-FA-SOL-la-si*) ; un *octacorde* ou diapason, huit sons et sept intervalles (*MI-FA-SOL-la-si-do-re-mi*).

De ces trois systèmes le dernier, l'octacorde, est le seul système parfait, parce qu'il renferme les deux autres et qu'il ne peut lui-même être augmenté, qu'en reprenant après l'octave le même ordre des sons déjà parcouru. L'octave est, en effet, l'intervalle-limite fixé par la nature, limite qu'il faut atteindre pour avoir la série entière des sons musicaux, mais au-delà de laquelle la série recommence toujours la même et avec les mêmes intervalles [1].

Toutefois le premier système, le tétracorde, a cela de particulier qu'il sert de base aux deux autres et qu'il est, en musique, l'élément par excellence de la composition des sons. Ainsi, le pentacorde se forme du tétracorde, auquel on ajoute le ton complémentaire ou disjonctif; l'octacorde, ou diapason, est composé d'un tétracorde et d'un pentacorde superposés, ou mieux, de deux tétracordes plus le ton disjonctif. C'est pourquoi les anciens appelaient le tétracorde la *syllabe* musicale, pour marquer son rôle et son importance en musique ; et chez tous les peuples qui ont cultivé la musique, le tétracorde est, en effet, l'élément générateur principal des gammes. Tel est le tétracorde, telles sont aussi les gammes qu'il compose ; elles reçoivent de lui leur caractère, leur puissance d'expression.

On conçoit, dès lors, que l'attention des musiciens se soit portée tout d'abord sur la forme à donner au tétracorde, pour déterminer ensuite les *modes* ou manières suivant lesquelles on devrait ordonner les sons et les intervalles et en former des échelles, des gammes propres à la mélodie. Mais c'est ici que commence la division des idées et, par suite, l'opposition des théories qu'on a formulées relativement aux modes musicaux.

[1] Cf. Ire Ét. ch. ii.

Pythagore et Aristoxène sont, dans l'antiquité, les chefs de deux écoles rivales qui ont toujours subsisté depuis; aujourd'hui encore elles se partagent le monde artistique. Pythagore faisait de la musique une branche des sciences mathématiques; tout devait y être réglé par les nombres. Aristoxène, plus artiste que savant, se moquait des nombres et en appelait au seul jugement de l'oreille pour régler toutes choses en musique. De principes aussi opposés devaient sortir naturellement deux théories musicales bien différentes. Les premières conséquences apparurent dans la division du tétracorde.

Pythagore ne connaissait en musique que les intervalles de ton et de demi-ton, produit de la génération des quintes, d'où il tirait toute l'échelle musicale. Le tétracorde ne pouvait donc renfermer d'autres intervalles; il était nécessairement ou diatonique ou chromatique, c'est-à-dire composé des intervalles suivants : deux tons $\left(\text{représentés par le nombre } \frac{8}{9}\right)$ et un demi-ton $\left(\text{nombre } \frac{243}{256}\right)$, ou bien deux demi-tons et un trihémiton (tierce mineure) [1]. Exemples :

Tétracordes diatoniques :

$$
\begin{array}{ccc}
MI - FA - SOL - la & RE - MI - FA - SOL & DO - RE - MI - FA \\
\frac{243}{256} \quad \frac{8}{9} \quad \frac{8}{9} & \frac{8}{9} \quad \frac{243}{256} \quad \frac{8}{9} & \frac{8}{9} \quad \frac{8}{9} \quad \frac{243}{256}
\end{array}
$$

Tétracordes chromatiques :

$$
\begin{array}{cc}
MI - FA - SOL\flat - la & MI - FA - SOL\sharp - la \\
\frac{243}{256} \quad \frac{243}{256} \quad \frac{16384}{19683} & \frac{243}{256} \quad \frac{16384}{19683} \quad \frac{243}{256}
\end{array}
$$

Aristoxène, de son côté, imagina de diviser le tétracorde non plus seulement en tons et demi-tons, comme Pythagore, mais en y admettant

---

[1] Cependant, après Pythagore, ses disciples, les *canonistes*, ont admis le tétracorde harmonique, formé de deux quarts de ton et d'un diton incomposé. Mais, tout en faisant cette concession à la pratique devenue générale, ils protestaient, au nom des principes pythagoriciens, qu'aucun intervalle ne peut naturellement être divisé en deux parties égales et que, dans la nature, il n'y a pas de quarts de ton.

des quarts, des tiers de ton et d'autres divisions encore, qui lui parurent tout aussi rationnelles, puisque l'oreille finissait par les accepter. Supposant donc l'intervalle de quarte divisé en soixante parties, il eut des *quarts* de ton équivalant à six de ces parties, des *tiers* de ton de huit parties, des *trois huitièmes* de ton valant neuf parties, des *demi-tons* de douze parties, des *trois quarts* de ton de dix-huit parties, des *tons* entiers de vingt-quatre parties, plus les intervalles composés de ceux-là, comme un ton et un quart, un ton et demi, un ton et trois quarts, un ton et cinq sixièmes, et enfin le diton [1].

C'était ouvrir la porte à toutes les innovations qu'imaginerait la fantaisie des artistes; car, évidemment, l'oreille d'Aristoxène ne pouvait être le critérium unique et infaillible des bons intervalles en musique, et ce qui lui était permis devait l'être à d'autres au même titre. On ne s'en fit pas faute en Grèce. Ptolémée, le dernier de ces réformateurs de la musique grecque, nous a conservé les divisions tétracordales inventées par cinq des plus fameux d'entre eux : Aristoxène, Archytas, Ératosthène, Didyme et lui-même, Ptolémée, qui enchérit sur tous les autres. Ce n'est plus six espèces seulement de division tétracordale qu'on pratiquait chez les Grecs, mais bien vingt-deux ou vingt-trois, toutes différentes les unes des autres par la grandeur des intervalles et par leur distribution dans le tétracorde [2]. Et le compositeur, cela va sans dire, était libre de choisir entre ces inventions des maîtres celles qui lui plaisaient davantage, tantôt l'une et tantôt l'autre, aujourd'hui Aristoxénien, demain Ptoléméen, puis Didymien, etc., s'il ne préférait être tout cela à la fois, jugeant tout bon pour lui et pour ses auditeurs.

Les Grecs toutefois étaient gens méthodiques. Tout en donnant libre carrière à leur génie inventif, ils savaient mettre dans ses œuvres un certain ordre et une régularité de bon goût. Ainsi de leurs tétracordes en musique, qu'ils distribuèrent en genres, espèces et couleurs. Le *genre* est caractérisé par la nature des intervalles qui entrent dans la composition du tétracorde; l'*espèce*, par leur distribution et l'ordre qu'ils observent entre eux ; la *couleur* enfin résulte du plus et du moins de tension ou de

---

[1] Cf. Boèce, *De Musica*, lib. V. cap. xv. — Voir ci-après, p. 18, les six tétracordes du système d'Aristoxène.
[2] Cf. Cl. Ptolemæi, *Harmonicorum libri III* Oxonii, 1682. Tables.

2

relâchement des cordes et, par conséquent, d'une certaine variété dans la grandeur des intervalles, sans sortir cependant des limites du genre.

Ils distinguaient ainsi trois genres : le diatonique, le chromatique et l'enharmonique. Les tétracordes diatoniques renferment toujours deux intervalles de ton et un de demi-ton ; les chromatiques, deux intervalles de demi-ton et un trihémiton indivisible ; les enharmoniques, deux quarts de ton, plus un diton également indivisible. Ce sont les divisions génériques. Elles se colorent, ai-je dit, par une tension tantôt plus forte et tantôt plus faible des cordes, d'où résulte cette grande variété des systèmes, dont j'ai parlé plus haut. Il suffit, pour ne pas sortir du genre, que le plus grand intervalle dans le diatonique n'arrive pas au trihémiton, qui distingue le genre chromatique, et que ce trihémiton lui-même, dans le genre chromatique, ne se change pas en diton, qui est propre du genre enharmonique [1].

Chaque genre de tétracordes a, en outre, ses espèces, qui se différencient par une distribution spéciale des intervalles, ceux-ci restant les

---

[1] Voici, comme exemple, les tétracordes des trois genres et des six couleurs d'Aristoxène. On jugera par eux de ce que peuvent être les autres, ceux d'Archytas, d'Ératosthène, de Didyme et de Ptolémée.

I. Genre diatonique (2 couleurs)

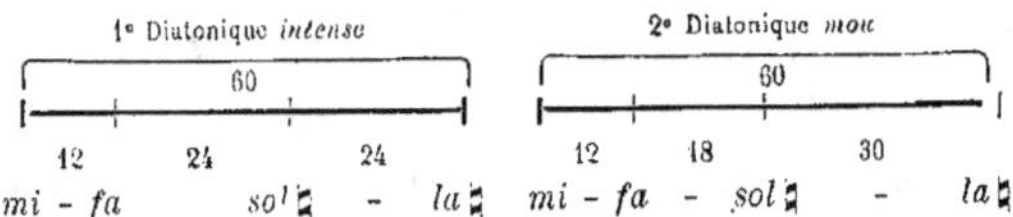

II. Genre chromatique (3 couleurs)

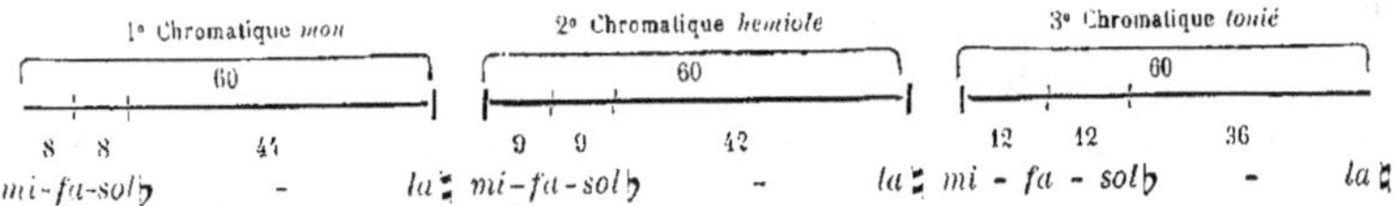

III. Genre enharmonique (1 couleur)

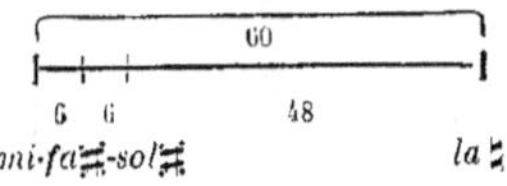

mêmes en chaque espèce du genre. Le tétracorde ne renfermant que trois
intervalles, il ne peut recevoir que trois formes différentes; d'où il suit
que chacun des trois genres possède trois espèces distinctes. Le tétracorde du genre diatonique, par exemple, suivant la place occupée par le
demi-ton, se présente sous les trois formes ou espèces ci-après :

1re *Espèce*	2e *Espèce*	3e *Espèce*
12 24 24	24 24 12	24 12 24
Si - Do - Re - mi	Do - Re - Mi - Fa	Re - Mi - Fa - Sol

C'est aux espèces que s'appliquent les couleurs, pour en varier la
forme, pour en fortifier ou en affaiblir l'expression, suivant l'effet à produire. Pour un disciple d'Aristoxène, il y avait donc en musique dix-
huit variétés de tétracordes, distincts les uns des autres par le genre,
par l'espèce ou par la couleur, et possédant chacun leur caractère propre,
leur puissance d'expression musicale.

Mais les tétracordes ne sont pas encore les modes, ils n'en sont que le
premier élément constitutif. Le vrai système modal est le système parfait
ou octacorde, le seul, avons-nous dit, qui offre à la mélodie l'échelle
complète des sons dont elle fait usage. Or, l'octacorde chez les anciens
était formé de deux tétracordes, plus un ton qui complétait le diapason.
Tantôt les deux tétracordes étaient *conjoints*, le degré supérieur de l'un
servant à l'autre de degré inférieur; en ce cas, le ton complémentaire se
trouvait être soit le premier degré, soit le dernier de la gamme. Tantôt,
au contraire, les tétracordes étaient *disjoints*, et c'est le ton complémentaire ou disjonctif[1] qui les séparait :

Tétracordes conjoints.

Ton compl.	1 tétrac[de].	2e tétrac[de].
LA — SI DO RE	MI FA	SOL la

1er tétrac[de]	2e tétrac[de]	Ton compl.
SI DO RE MI	FA SOL la	— si

Tétracordes disjoints.

1er tétrac[de].	Ton disj.	2e tétrac[de]
DO RE MI FA	—	SOL la si do

[1] Les Arabes ont retenu ce nom. Dom Parisot le traduit par *séparant;* mais séparant
et disjonctif sont bien la même chose.

L'octacorde renfermant sept intervalles inégaux, et chacun de ses degrés pouvant être pris comme point de départ dans la série des sons, ce sont autant de manières différentes d'ordonner les intervalles et de former, par conséquent, des échelles modales. Les genres, les espèces et les couleurs se retrouvent donc ici comme dans les tétracordes, sauf que les espèces y sont au nombre de sept, au lieu de trois seulement. Les variétés de ce système augmentent ainsi en proportion et, pour la seule école d'Aristoxène, atteignent le chiffre de 42, quatorze pour le genre diatonique, vingt et une pour le genre chromatique et sept pour le genre enharmonique.

Ce n'est pas tout. Ces quarante-deux systèmes octacordes sont des systèmes simples, c'est-à-dire formés, comme les trois ci-dessus, par la réunion de deux tétracordes de même genre, de même espèce et de même couleur. Mais on peut mélanger de bien des manières les genres, les espèces et les couleurs, et ajouter ainsi aux quarante-deux variétés précédentes, un nombre considérable d'autres variétés plus ou moins artistiques. Il y en avait chez les Grecs pour tous les goûts.

. Peut-on dire cependant, que toutes ces gammes, ces systèmes modaux fussent de vrais modes ? Suffisait-il aux anciens de posséder une échelle musicale, théoriquement constituée dans toutes ses parties, pour que de cette échelle les artistes compositeurs usassent à leur gré, y établissent leurs mélodies, les commençant, les conduisant, les étendant et les terminant suivant leur propre convenance, et ne consultant pour tout cela que leur goût, leurs préférences personnelles ? Les théoriciens de la Grèce sont sur ce point d'un mutisme désespérant [1]. Mais nous pouvons y suppléer, dans une certaine mesure, par l'examen du petit nombre de compositions musicales conservées ou retrouvées de ces temps anciens, et aussi par ce qui existe dans toutes les musiques contemporaines de la musique grecque, en Orient et en Occident.

Les échelles modales n'étaient donc pas laissées complètement à l'arbitraire des compositeurs ; leur emploi était soumis à certaines règles tracées par le génie artistique ; on devait y garder certaines formes que la pratique avait révélées aux maîtres, comme particulièrement caractéris-

---

[1] Cf. II⁵ Ét., App. I, 325 et sqq.

tiques en chaque mode. Ainsi, pour chacun d'eux, on distinguait sur l'échelle modale des degrés principaux et d'autres de moindre valeur. Le plus important était celui sur lequel toute mélodie achevait son mouvement et trouvait son repos ; c'était la finale du mode. Venaient ensuite un ou deux degrés, trois au plus, qui avaient aussi leur importance, parce que c'est autour d'eux que la mélodie évoluait d'ordinaire et qu'elle faisait sur eux des haltes plus ou moins prolongées, dans sa marche vers le terme final.

Ordinairement aussi, pour conserver aux modes leur vrai caractère, l'ambitus des mélodies était déterminé et ses limites tracées d'une manière assez rigoureuse. Les unes ne descendaient pas au-dessous de leur finale, mais pouvaient atteindre et même dépasser un peu l'octave supérieure ; d'autres se tenaient plus volontiers dans les cordes inférieures, ou bien elles se mouvaient comme dans un cercle étroit autour de leur finale ; parfois cet ambitus de la mélodie était réduit à une quarte ou à une quinte ; d'autres fois, au contraire, l'espace était largement ouvert à l'inspiration musicale, assez du moins pour qu'elle pût s'y développer à l'aise.

Souvent, enfin, le génie d'un maître avait su trouver des mélodies tellement appropriées à leur mode qu'elles devenaient pour les élèves des modèles et pour ainsi dire des patrons, que tous s'efforçaient de reproduire. Le fait est connu pour ce qui regarde la musique grégorienne ; chacun des huit modes y possédait autrefois une et même plusieurs formules mélodiques, qui servaient de modèle aux divers mouvements de la voix et faisaient sentir aux compositeurs le caractère qui convient spécialement à chaque mode [1]. Le même fait existe aussi ailleurs, et il est tel peuple, les Arméniens par exemple, chez qui ces mélodies-types sont tout ce qui reste de la théorie modale ; les principes et les règles ont disparu, pratiquement on se forme sur les modèles que la tradition a conservés [2].

---

[1] Les Grecs usaient alors du même procédé dans leur musique ecclésiastique ; mais leurs mélodies typiques étaient chantées sur des syllabes sans signification, v. g. : *Noanoeane, Noeagi, Noeanoeane*, etc. Hucbald de Saint-Amand nous les a conservées à la suite de la *Commemoratio brevis* (ap. GERB., t. I., p. 229). Chez les Latins, on plaçait les formules-types sur un texte, qui rappelait d'une certaine manière le ton ou le mode du chant, v. g. : *Primum mandatum, diliges Dnum.*, ou *Primum quærite regnum Dei*, etc. On en trouve plusieurs de ce genre dans les auteurs et les manuscrits anciens.

[2] Cf. *Les Chants liturgiques de l'Église arménienne*, traduits par P. BIANCHINI. Les huit tons ou modes liturgiques du chant arménien, p. 189 et sqq.

Que l'emploi des échelles modales fût réglé de la sorte dans la musique des Grecs et des Romains, je n'oserais l'affirmer, faute de documents assez précis; mais on peut le croire, tant cette pratique était universelle autrefois. Du moins savons-nous par leurs écrivains, que les Grecs rapportaient toutes leurs échelles modales à un petit nombre de modes, dont elles n'étaient que des variétés plus ou moins caractéristiques. L'antiquité la plus reculée ne connaissait ainsi que trois modes principaux, le dorien, le phrygien et le lydien, correspondant aux trois espèces de tétracorde. Plus tard on en admit sept, autant qu'il y a d'espèces d'octacordes, et on les appela *Harmonies*, parce qu'ils résumaient en quelque sorte toute la science harmonique ou musicale d'alors. Aristoxène en porta le nombre à treize, lorsque, par la pratique du *tempérament*, il eut remplacé les huit cordes du diapason par les treize de son système. Ses disciples augmentèrent encore ce nombre et le fixèrent à quinze, pour une raison de symétrie dans les cinq groupes de modes ; chaque groupe alors renferma trois modes, un principal ou authente et deux plagaux, le supérieur et l'inférieur. Finalement Ptolémée revint au nombre de sept, tout en disposant ses échelles modales d'une autre manière que les anciens, ce qui ne veut pas dire plus rationnelle [1]. Mais quel qu'en fût le nombre, trois, sept, treize ou quinze, ce nombre représentait de vrais groupes ; car chacun de ces modes était multiple, il se diversifiait, comme il a été dit par les genres et par les couleurs, l'espèce seule restant la même, parce que, dans toutes les variétés d'un mode, on retrouvait une même espèce de tétracordes.

En outre, les échelles modales étaient souvent mélangées les unes avec les autres, et il en résultait des modes *mixtes*, qui participaient de la nature et du caractère de leurs composants. Ce mélange, toutefois, avait ses règles, l'expérience ayant montré que toute mixture modale n'est pas également bonne, mais qu'il convient de faire un choix pour ne garder que les meilleures. Ptolémée expose ces règles et les applique dans son deuxième livre des *Harmoniques* [2].

Enfin, parmi les modes et leurs variétés, on établissait des distinctions. Les uns étaient propres au chant exécuté par les voix humaines, d'autres

----

[1] Cf. II⁰ Ét., App. I, 309, 316, 324ᵇ, 332.
[2] Cf. *Ibid.*, App. III, p. 443.

ne servaient qu'aux instruments ; entre ces derniers, il y avait les modes de
la lyre, ceux de la flûte, ceux de la cithare, etc. C'est encore Ptolémée
qui nous renseigne le mieux sur ce point, au chapitre XVI de son
deuxième livre, intitulé : *de his quæ lyra et cithara canuntur*. Les modes
cithariques, par exemple, étaient au nombre de six, et ils ont chacun
leur nom propre. Mais ce sont autant des variétés que des modes véritables : il y a deux doriens, deux hypodoriens, un phrygien et un hypophrygien, quatre modes seulement, dans lesquels la cithare pouvait
accompagner le chant et les voix [1].

En voilà assez pour laisser apercevoir ce que les anciens, les Grecs
en particulier, entendaient par modes et échelles modales en musique.
Si leur théorie n'a pas encore la précision, la clarté et toute la plénitude
désirables, il faut reconnaître cependant qu'ils ont su l'établir avec
méthode et sur des bases solides, c'est-à-dire sur des faits d'expérience.
On en peut contester certains points, le principe d'Aristoxène par exemple,
sur l'aptitude de l'oreille à juger des intervalles musicaux, et ce principe
a été effectivement contesté ; mais l'ensemble de la théorie n'en demeure
pas moins logique et, en somme, facile à comprendre, qualités qu'on ne
retrouve guère dans les théories orientales.

Ainsi, on aura de la peine à découvrir quels principes ont présidé à
la constitution des soixante-quatre modes de la musique turque, que
décrit Étienne le Lampadaire, et à les classer suivant un ordre rationnel
et méthodique. Il l'essaie, sans doute, en s'autorisant de certaines ressemblances, des finales surtout, pour les rattacher à chacun des huit modes
de la musique ecclésiastique grecque. Mais, outre que ces modes ecclésiastiques eux-mêmes sont loin d'offrir la régularité et la perfection
théoriques qu'on est en droit d'exiger, un peu d'attention démontre que
les ressemblances sont illusoires et qu'Étienne range parfois sous une
même étiquette des échelles modales absolument différentes. Ses explications toutefois sont trop sommaires pour nous donner des modes turcs
une idée suffisamment exacte, pour juger surtout de l'existence ou de
l'absence d'une théorie sur ce point. Venons plutôt à la musique arabe,

---

[1] Cf. *Ibid.*, App. III, p. 445.

que nous pouvons connaître un peu mieux par la conférence de Dom Parisot.

II. — Système modal chez les Arabes syriens

Le point de départ et la manière de procéder semblent, de prime abord, ceux que nous avons trouvés chez les Grecs : on commence par les tétracordes, on en forme des gammes et l'on fait le compte des variétés modales qui résultent de la combinaison des tétracordes pour produire les octacordes, systèmes parfaits. Mais, en y regardant de près, on aperçoit combien peu Grecs et Arabes se ressemblent sous ce rapport. Tout se fait avec ordre et méthode chez les Grecs ; au contraire, dès les premiers pas, l'incertitude et la confusion dans les idées sont manifestes parmi les théoriciens arabes.

Quatre sons au moins, disent-ils, ou cinq ou même six sont nécessaires pour caractériser un *genre*. Les genres ne sont donc pas nécessairement des tétracordes, intervalle de quarte mineure (*do - fa*), ils peuvent être renfermés dans un intervalle plus petit (v. g. : neuvième et dixième genres), ils peuvent aussi embrasser un intervalle plus grand (v. g. : septième et huitième genres). Mais alors qu'est-ce qu'un genre, et par quoi est-il caractérisé ? Pourquoi dix genres seulement, quand un plus grand nombre serait possible ? Pourquoi ceux-là et non pas d'autres ? Toutes ces questions se posent naturellement et d'autres encore, auxquelles nous ne pouvons répondre, que peut-être les théoriciens arabes eux-mêmes ne se sont jamais posées.

Pour former les genres, ils ont distingué trois sortes d'intervalles simples : un grand (ton majeur), un moyen (ton mineur), un petit (semi-ton) ; la combinaison de ces trois sortes d'intervalles fait les dix genres. Or, — 1° Ce n'est pas trois sortes d'intervalles seulement, qu'on trouve dans les gammes ; si l'on compte bien, on en trouvera au moins dix de valeurs différentes ; — 2° Les trois intervalles ci-dessus, à eux seuls, peuvent être combinés de six manières également bonnes ; pourquoi ces six combinaisons ne forment-elles pas six genres, au lieu de trois admis par les théoriciens arabes ? — 3° Si d'autres intervalles que les trois premiers entrent dans la composition des genres, le nombre de ceux-ci croît en proportion du nombre d'intervalles dont on fait usage. Ainsi, avec trois sortes d'intervalles seulement, il n'y a que six combinaisons possibles ; mais quatre intervalles produisent vingt-quatre combinaisons, cinq en produisent cent vingt, six en produiraient sept cent vingt, et dix intervalles pourraient être combinés entre eux de trois millions six cent vingt-huit mille huit cents manières différentes. Admettons que, sur ce joli nombre de combinaisons possibles, beaucoup doivent être éliminées comme mauvaises au point de vue esthétique, mais quelle raison les a fait réduire à dix seulement ?

Les Grecs, eux aussi, composaient leurs tétracordes au moyen d'intervalles très variés, nous l'avons vu ; mais d'abord ils opéraient toujours sur de vrais tétracordes, et ils savaient pourquoi. Ensuite leurs combinaisons se faisaient d'une manière méthodique ; genres, espèces et couleurs découlaient logiquement de l'application de certains principes admis chez eux. Enfin le nombre des variétés de tétracordes qui résultaient de ces combinaisons et servaient aux échelles modales n'était pas limité d'une façon aussi arbitraire que chez les Arabes ; aucun tétracorde légitime n'était exclus, mais seulement ceux qui n'étaient pas conformes aux principes et aux règles de l'art. Poursuivons; il y a bien d'autres différences encore.

Les genres produisent les *systèmes*, par la superposition des tétracordes conjoints ou disjoints. L'intervalle complémentaire ou disjonctif, la *séparante*, pouvant occuper soit l'une des deux extrémités, soit le centre du système, trois formes sont possibles, comme on l'a vu plus haut. Mais sont-ce bien les Arabes, qui expliquent les choses de cette manière ? Pour donner un peu de jour à leur doctrine fort embrouillée ou, peut-être, suppléer à son défaut, le Révérend Père n'aurait-il pas cherché dans la théorie des Grecs les explications qu'il ne trouvait pas ailleurs ?

Les gammes sont formées de tétracordes superposés, avec ton complémentaire ou disjonctif. Oui, assurément, dans la théorie des Grecs et pourvu que ces tétracordes soient tétracordes à la manière des Grecs, c'est-à-dire formés de quatre cordes et remplissant un intervalle de quarte mineure, quarte consonante. Par malheur, les genres arabes ne sont pas des tétracordes grecs, je l'ai fait observer déjà. Sur les dix genres, quatre au moins ont une constitution toute différente. Comment les superpose-t-on pour en former des systèmes ? Où se place alors la séparante ? Que fait-on du vide laissé par les genres trop courts ? Comment réduit-on à un octacorde les genres trop longs ? Quel moyen de réaliser dans ce cas les trois formes systématiques ? etc., etc. Les savants arabes ont, sans doute, une réponse à ces questions, et ils arrivent, d'une manière ou de l'autre, à trouver les trente gammes que suppose, en effet, la multiplication des dix genres par les trois formes. Ce ne peut être toutefois par la superposition de tétracordes qui n'existent pas, ni toujours par l'adjonction d'une séparante, qui serait de trop dans le système ou qui ne suffirait pas à le compléter.

Remarquons, d'ailleurs, ce à quoi les théoriciens arabes ne paraissent pas avoir pensé, que dix tétracordes ou même dix genres, tous différents les uns des autres, peuvent être associés deux à deux, non pas seulement de trois manières chacun, mais bien de dix manières et qu'ainsi, au lieu de trente gammes, les dix genres en auraient dû fournir cent. Le premier genre, par exemple, *'oshaq*, répété dans les deux tétracordes de la gamme, produit les trois systèmes dont parle le Révérend Père dans sa conférence ; mais associé au deuxième genre, il produit trois autres systèmes qui n'ont pas une moindre valeur :

$$ut - re - mi - fa - sol - la\flat - si\flat - ut$$
$$1 \quad 4 \quad 7 \quad 8 \quad 11 \quad 12 \quad 15 \quad 18$$

$$ut - re - mi - fa\sharp - sol - la - si\flat - ut$$
$$1 \quad 4 \quad 7 \quad 10 \quad 11 \quad 14 \quad 15 \quad 18$$

$$ut - re - mi - fa - sol - la - si\flat - ut$$
$$1 \quad 4 \quad 7 \quad 8 \quad 11 \quad 14 \quad 15 \quad 18$$

Il en est de même, quand on l'associe au troisième genre, au quatrième, au cinquième, et ainsi de suite. L'opération pouvant être répétée sur chacun des dix genres, on voit combien de gammes devraient être possibles, suivant la théorie arabe.

Pratiquement, encore une fois, il faudrait réduire beaucoup ce nombre ; mais enfin, cette réduction, comment l'a-t-on faite et en vertu de quels principes ? Parmi les gammes rejetées, combien auraient pu, auraient dû être conservées ? Et celles-là même qu'on a adoptées sont-

elles bien les meilleures, les plus naturelles, les plus artistiques ? C'est
plus que douteux, étant donnée la composition des genres, où la fantaisie
a certainement plus de part que la science, et plus encore la composition
des échelles modales qui servent de base à la mélodie.

Parmi les trente gammes, qu'ils formaient au moyen des genres et
des systèmes, les théoriciens du XIIIᵉ siècle en ont choisi dix-huit seulement, et ce sont ces dix-huit gammes qui constituent les modes de la
musique arabe. Dom Parisot, se référant aux ouvrages de Carra de Vaux
et de J.-P.-N. Land, a transcrit sept de ces échelles modales, les principales, dit-il. Voyons quelles elles sont.

Trois de ces échelles, la 5ᵉ, la 1ʳᵉ et la 4ᵉ, représentent assez exactement (sauf, bien entendu, la distinction du ton majeur et du ton mineur,
qui est propre de la musique arabe) les harmonies hypodorienne (gamme
de *LA*), hypophrygienne (gamme de *SOL*) et hypolydienne (gamme
de *FA*) de la Grèce ancienne. Mais les quatre autres harmonies, dorienne,
phrygienne, lydienne et mixolydienne, qui ont une si grande importance
dans la théorie grecque et dans la nôtre, ne se trouvent pas au nombre
des principaux modes arabes. En revanche, trois autres modes ne sont
que des variétés peu importantes des trois modes précédents : le
deuxième, *rast*, est une variété du premier, *'oshaq*, dont il ne diffère que
par une tension un peu moindre (1/4 de ton) de la troisième corde et de
la sixième ; le troisième, *busalik*, est une variété du quatrième, *nuruz*,
pour une raison semblable, la différence de tension portant ici sur la
quatrième et la septième cordes ; enfin le sixième mode, *iraq*, est une
variété un peu plus accentuée du cinquième, deux cordes, la deuxième et
la cinquième, subissent le même relâchement, et deux autres, au contraire, sont légèrement plus tendues. Quant au septième mode, n'était la
progression chromatique qui se trouve de la deuxième à la cinquième
corde et qui donne au premier tétracorde cinq degrés, au lieu de quatre,
il ne serait, lui non plus, qu'une variété du cinquième mode, dont il
renferme les tétracordes légèrement modifiés.

Ainsi les sept modes principaux de la musique arabe se réduisent à
trois, et ces trois ne sont même pas les plus importants que nous con-
naissions et pratiquions en musique. Qu'a-t-on fait des autres et par quoi
les a-t-on remplacés ? Il est peu probable que Carra de Vaux et Lang les

aient négligés d'un commun accord ou qu'ils ne les aient pas reconnus parmi les onze qui restent, quelque modification que les Orientaux leur aient fait subir. C'est donc que ces modes n'existent réellement pas chez les Arabes.

On peut s'étonner également que, dans ces échelles modales, aucun des dix genres ne soit représenté sous les trois formes ou systèmes qu'il engendre. Le premier mode, 'oshaq, est constitué par le premier système du premier genre :

$$DO - re - mi - fa - sol - la - si\flat - DO$$

Le quatrième mode, *nuruz*, est formé par le deuxième système du même genre :

$$DO - re - mi - fa\sharp\, sol - la - si - DO$$

Et le cinquième mode, *nawa*, l'est par le premier système du deuxième genre :

$$DO - re - mi\flat - fa - sol - la\flat - si\flat - DO$$

Les autres systèmes et, en particulier, le troisième du premier genre :

$$DO - re - mi - fa - sol - la - si - DO$$

Le deuxième du deuxième genre :

$$DO - re - mi - fa - sol - la - si\flat - DO$$

et l'un ou l'autre du troisième genre :

$$DO - re\flat - mi\flat - fa - sol\flat - la\flat - si\flat - DO$$
$$DO - re - mi\flat - fa - sol\flat - la\flat - si\flat - DO$$
$$DO - re\flat - mi\flat - fa - sol - la\flat - si\flat - DO$$

tous ces systèmes, si parfaitement harmoniques, sont-ils donc oubliés, inconnus des Arabes ?

Rien non plus des modes mixtes, dont l'échelle renfermerait deux genres superposés. Quant aux modes chromatiques, si universellement goûtés des Orientaux, ils doivent se trouver parmi les onze que nous ne connaissons pas. Mais pourquoi aucun de ces modes n'est-il compté parmi les principaux? Seul, le mode *isfahan* contient dans son échelle un intervalle chromatique entre le troisième et le quatrième degrés (*mi♭-mi♮*) ; mais il lui manque l'intervalle que tous, Grecs et Orientaux, tiennent pour caractéristique du genre chromatique, je veux dire le trihémiton. Les mélodies de ce mode, comme beaucoup des nôtres, font donc usage du chromatisme ; elles ne sont cependant pas d'un mode chromatique.

Meshaqa, le dernier réformateur de la musique arabe, semble n'avoir rien changé à la théorie des modes, telle qu'elle a été établie au XIVe siècle. Sa réforme avait seulement pour but de donner à l'échelle des sons une forme plus régulière et d'une réalisation plus pratique, en substituant la division de la gamme par quarts de ton égaux à l'ancienne division de dix-sept intervalles inégaux et difficilement appréciables. C'est un progrès, sans doute, mais combien il en faudrait encore pour corriger et rendre parfaite une théorie où le caprice a une si large part !

Enfin, un point important dans la théorie modale concerne les notes fondamentales, les finales et les repos de la mélodie. Malheureusement, la conférence ne nous apprend rien là-dessus. Ce silence nous laisse dans l'incertitude sur la valeur des formules qui représentent les sept modes principaux du système arabe et la vraie constitution de ces modes. Une même échelle peut, en effet, suivant le procédé de formation décrit plus haut, appartenir à deux et même à trois modes différents ; tout dépend de la tonique, point de départ des tétracordes. Prenons comme exemple la première des sept échelles. Trois cas sont possibles :

Premier cas. — L'échelle commence par deux tétracordes conjoints du premier genre, le ton complémentaire achève le diapason :

$$Sol - la - si - do - re - mi - fa♯ - sol$$

Quelles sont les notes fondamentales? Ce ne peut être que *Sol*, *do*, *mi* et *fa*. Lequel de ces quatre degrés est tonique du mode, finale de la mélodie?

Selon nous, ce doit être *Do ;* le mode est le lydien des Grecs et l'échelle est plagale. J'ignore ce qu'en pensent les Arabes.

Deuxième cas. — L'échelle commence par le ton complémentaire ; les deux tétracordes conjoints viennent ensuite, ils sont l'un et l'autre du deuxième genre :

Sol - la - si - do - re - mi - fa - sol.

Tout change ici : les notes fondamentales peuvent être *la*, *re*, *fa* et *sol ;* la tonique finale du mode étant *re*. Nous avons alors l'équivalent du mode phrygien, sous une forme plagale et avec une échelle qui s'étend de la quinte au-dessous, à la quarte au-dessus de la tonique.

Troisième cas. — L'échelle se compose de deux tétracordes disjoints, le ton complémentaire étant placé au centre. Le premier tétracorde est du premier genre, le second est du deuxième genre ; c'est un mode mixte :

Sol - la - si - do - re - mi - fa - sol.

Sol, si, do, re, sont les notes fondamentales, entre lesquelles *Sol* est tonique et finale, c'est-à-dire que l'échelle est du mode hypophrygien, forme authentique.

Voilà, par conséquent, d'après la théorie arabe elle-même, une échelle qui, tout en restant composée des mêmes sons et des mêmes intervalles, se transforme en trois modes distincts, suivant qu'on la fait du premier, du deuxième ou du troisième système. A quoi tient ce changement de constitution modale ? Au déplacement de la tonique, qui entraîne nécessairement la modification des tétracordes, le changement des notes principales et, par suite, du mode lui-même. Les seules échelles modales ne suffisent donc pas à faire connaître les modes ; il faut y ajouter la connaissance des tétracordes constitutifs du mode et celle des notes fondamentales, de la tonique en particulier.

On nous dit bien : « les intervalles regardés comme fondamentaux et pouvant seuls servir de notes finales, pour constituer les modes, sont au nombre de sept pour l'octave. Ce sont les notes :

Sol - la - si - do - re - mi - fa

« Suivant ces principes, les musiciens arabes composent des mélodies au moyen de sept sons pris dans l'intervalle d'une octave, et dont le choix est livré à leur goût ou à leur caprice. »

Nous pouvons conclure de là que, chez les Arabes, tout mode doit avoir pour finale (finale et tonique sont-elles identiques pour eux?) l'un des sept degrés de la gamme diatonique[1]. C'est-à-dire qu'au fond, s'il y a en théorie dix-huit échelles modales, il ne peut y avoir que sept modes véritables, dont chacun a pour tonique l'un des sept degrés de la gamme ; les autres modes ne sont que des variétés de ceux-là. Les sept, que la conférence cite comme étant les principaux, ne le sont pas tous ; il n'y a parmi eux que trois modes et quatre variétés. Les modes sont ceux de *La*, *Sol*, *Fa* ; il manque *Mi*, *Re*, *Do*, *Si*, qui sont les quatre autres principaux. Si les Arabes l'entendent réellement ainsi, on voit que leur théorie a gardé, plus qu'il ne semble tout d'abord, de la doctrine et de la pratique anciennes.

Ce n'est là, toutefois, qu'une notion trop générale ; elle aurait besoin d'être particularisée pour chaque mode, en nous faisant connaître sa tonique, ses tétracordes et ses degrés principaux, éléments essentiels du mode. Peu importe que les musiciens modifient plus ou moins, selon leur goût et leur caprice, la succession des intervalles ou que, dans le cours de la mélodie, ils « circulent » parfois d'un mode à l'autre, ce que nous appelons moduler ; théoriquement et même pratiquement un mode est déterminé par ses trois éléments essentiels ; et c'est ce que nous aurions besoin de connaître.

---

[1] Dom Parisot fait observer que, le *mi* et le *si* étant altérés tous les deux dans la gamme des Arabes, nos troisième et quatrième tons grégoriens n'ont pas leurs correspondants chez eux. A parler rigoureusement, cela est vrai. Mais, évidemment, la tierce neutre de Zalzal est une corruption fantaisiste de la tierce vraie, seule connue et pratiquée des anciens ; avant le viiie siècle tout au moins, la musique arabe possédait de vrais modes de *mi* et de *si*. Est-il bien sûr, d'ailleurs, que dans la pratique, cette *subduction* d'un quart de ton sur le *mi* et le *si* de la gamme soit toujours observée par les chanteurs?

Le conférencier n'a pas cru devoir s'arrêter sur ce point, faute de temps et d'espace, sans doute. Espérons qu'il comblera cette lacune de quelque autre manière. Nous aurons alors les données suffisantes pour nous faire une idée complète des modes arabes et apprécier à sa juste valeur la théorie qui leur sert de base.

III. — Système modal des Arabes d'Afrique

De cette théorie des Arabes syriens ou, du moins, de ce qu'il nous a été possible d'en apprendre, il est intéressant de rapprocher la pratique traditionnelle des Arabes africains, à qui une demi-science n'a jamais fait perdre leurs premières habitudes musicales et chez qui nous retrouvons, ce semble, la vraie musique arabe, antérieure à toute influence venue de la Grèce ou des contrées persanes.

« Ces Arabes, dit Salvador Daniel, n'écrivent pas leur musique ; ils n'ont aucune espèce de théorie. Tous chantent ou jouent de routine, sans savoir le plus souvent dans quel mode est l'air qu'ils exécutent. Cette théorie perdue, j'ai cherché à la reconstruire. Pour cela, j'ai dû réunir un nombre considérable de chansons, toujours écrites à l'audition, et y chercher l'explication des quelques règles que j'avais recueillies par hasard auprès des musiciens. J'ai parcouru les trois provinces de l'Algérie, tant sur le littoral que dans l'intérieur ; j'ai visité Tunis, qui est pour l'Afrique au point de vue musical, ce que l'Italie est pour l'Europe ; de Tunis j'ai été à Alexandrie, puis en Espagne, où j'ai trouvé encore dans les chansons populaires les traces de la civilisation arabe. Enfin, possesseur d'environ quatre cents chansons, je suis rentré à Alger, où j'ai essayé de coordonner les notes recueillies un peu partout et de reprendre, sur des bases positives, cette étude de la musique arabe[1]. »

Il n'y avait, en effet, pas d'autre moyen de refaire la théorie d'une musique, qu'aucun auteur n'a jamais consignée par écrit, mais qui, depuis des siècles, se transmet par la pratique et une éducation routinière. N'est-ce pas ainsi, d'ailleurs, que se forment chez nous nombre de musiciens,

---

[1] *Op. cit.* Avant-propos.

artistes de par la nature, non par la science qu'ils n'ont jamais cultivée?
Profitons donc des observations de l'auteur, et voyons quelle théorie
modale il en a tirée ; nous aurons, pour contrôler et appuyer ses dires,
un certain nombre des chants arabes et kabyles qu'il a recueillis et
publiés à part[1].

Pour qui s'est fait une habitude des concerts arabes, deux choses, dit
Salvador Daniel, frappent tout d'abord dans cette musique : 1° l'absence
de *note sensible ;* 2° la répétition constante d'un ou deux *sons fondamentaux,*
sur lesquels repose l'idée mélodique. Les sons fondamentaux remplissent
donc, dans les gammes arabes, à peu près le rôle de la note sensible dans
la nôtre. Ils se trouvent généralement au troisième et au quatrième degrés
de l'échelle modale, dont le son le plus bas est toujours pris comme point
de départ, comme tonique[2].

« Les chansons arabes étant composées d'un grand nombre de couplets
séparés par une ritournelle des instruments, il devient facile de reconnaître le point de départ de l'échelle des sons parcourus. » C'est invaria-
blement l'un des sept qui composent la gamme diatonique. Le mode
change avec la tonique ; mais l'ordre naturel des sons est toujours conservé sans altération, sauf l'exception que nous aurons à signaler pour
les modes chromatiques.

J'ai observé déjà que, chez les arabes d'Afrique, l'échelle musicale ne
renferme que des tons et des demi-tons. « Je n'ai jamais trouvé, dit Salvador Daniel, dans la musique indigène, ni tiers ni quarts de ton. Cependant je joue la musique arabe avec les musiciens du pays et sur leurs instruments. Ainsi, bien qu'en opposition sur ce point avec tous ceux qui ont
traité cette question, puis-je dire que je m'appuie sur une expérience

---

[1] *Notice sur la musique kabyle,* suivie de 15 chansons kabyles, par Francesco Salvador
DANIEL. — *Album de Chansons arabes, mauresques et kabyles,* 12 mélodies en un volume par le
même, chez Richault et Cⁱᵉ, éditeurs, Paris.

[2] Le son le plus bas, non de la mélodie ni même de la gamme réelle du mode, mais
seulement de la gamme entendue à notre manière européenne, en la commençant toujours
sur la tonique finale des mélodies. C'est ainsi que nous disons gamme de *DO,* de *SOL,* de
FA, etc., suivant le ton, bien qu'en réalité l'échelle modale ou échelle des sons parcourus
dans une mélodie ne soit pas toujours renfermée dans le diapason au-dessus de la tonique,
mais s'étende plutôt de la quarte ou de la quinte inférieure à la quinte ou à la quarte supérieure. De même, parmi les chansons arabes, le plus grand nombre est composé sur une
échelle inférieure à la finale ; la mélodie descend à la tierce, à la quarte ou à la même
quinte, mais vient toujours se terminer sur la tonique, où converge tout son mouvement.

personnelle : à ce titre et dans ces conditions, les renseignements que je donne doivent avoir quelque valeur[1]. » Les divisions du tétracorde sont donc tout simplement les divisions naturelles, celles du système pythagoricien, de la musique grégorienne et de la nôtre. Les fantaisies d'Aristoxène, moins encore celles des théoriciens demi-savants de la Syrie ou de la Perse, n'ont eu jamais aucune influence sur cette musique primitive, qui les ignore encore aujourd'hui. Aussi la théorie modale est-elle des plus simples, sans exclure pourtant une certaine perfection artistique.

« Chacun des degrés de la gamme pouvant servir de point de départ pour une des gammes de la musique chez les Arabes, ils auront donc sept gammes ou modes différents. Cependant, si on interroge à ce sujet un musicien indigène, il répondra sans hésiter que leur système musical en compte quatorze. Demandez-lui d'en faire l'énumération, et il n'arrivera à en nommer que douze. J'ai cherché longtemps, mais sans résultat, à connaître les deux autres.

« Du reste, il m'a été impossible de constater l'existence de ces deux modes, après l'analyse que j'ai dû faire des chansons écrites par moi sous la dictée des musiciens arabes. Je suis donc forcé de borner mon énumération aux douze modes, dont on m'a donné les noms et dont les différentes qualités s'adaptent parfaitement au caractère spécial de chaque chanson[2]. »

La musique africaine compte donc douze modes sur sept finales seulement. Réunis par groupes de quatre, ces douze modes forment, au dire des Arabes, trois espèces distinctes ; mais la raison de ce groupement, si l'on s'en tient aux explications de Salvador Daniel, n'est visible que pour le troisième groupe, qui renferme les modes chromatiques, tandis que les huit premiers sont tous diatoniques. Nous trouverons peut-être de ce fait une explication meilleure et plus concluante dans la musique chrétienne. Voici d'abord le tableau de ces douze modes divisés en trois espèces, avec leurs noms, leurs échelles et leurs sous fondamentaux, tels que nous pouvons les représenter d'après les explications de Salvador

---

[1] *Notice sur la musique kabyle* (*Op. cit.*, p. 161). On peut rapprocher de ce témoignage celui du P. J. Blin, sur le même sujet. Cf. *Études de Science musicale*, II⁰ Ét., App. II, ch. vi, p. 102 et sq.

[2] *Op. cit. ch.*, III p. 51.

TABLEAU DES XII MODES ARABES

1ʳᵉ ESPÈCE			2ᵉ ESPÈCE				3ᵉ ESPÈCE			
MEZMOUM	EDZEIL	DJORKA	L'SAIN	SAIKA	MEIA	RASD-EDZEIL	RUMMEL MEIA	L'SAIN SEBAH	ZEIDAN	ASBEIN
la	la	la	la	la	la	la	la	la	la	la
sol	sol	sol	sol	sol	— sol —	— sol —	sol	sol ♯	sol ♯	sol ♯
fa	fa	fa	fa	fa	fa	— fa —	fa	fa	fa	fa
mi	mi	mi	mi	— mi —	— mi —	mi	— mi —	— mi —	mi	mi
re	re	— re —	— re —	— re —	re	= re =	re ♯	re	re	re
do	do	— do —	— do —	do	= do =	do	do	— do —	do	do
— si —	si	— si —	si	= si =	si	si	— si —	si	si	— si —
la	— la —	la	= la =	la	la	la	la	la	— la —	— la —
—SOL—	SOL	=SOL=	SOL	SOL	SOL	SOL	=SOL=	SOL ♯	SOL ♯	SOL ♯
FA	=FA=	FA	FA	FA	FA	FA	FA	FA	FA	FA
=MI=	MI	MI	MI	MI	MI	MI	MI	MI	=MI=	=MI=
RE	RE	RE	RE	RE	RE	RE	RE ♯	RE	RE	RE
DO	DO	DO	DO	DO	DO	DO	DO	DO	DO	DO
SI	SI	SI	SI	SI	SI	SI	SI	SI	SI	SI
LA	LA	LA	LA	LA	LA	LA	LA	LA	LA	LA

— Les accolades renferment les échelles modales, les autres notes sont complémentaires. — Les finales sont en caractères gras entre filets double ; les sons fondamentaux en caractères égyptiens entre filets simples.

LES XII MODES DE LA MUSIQUE ARABE

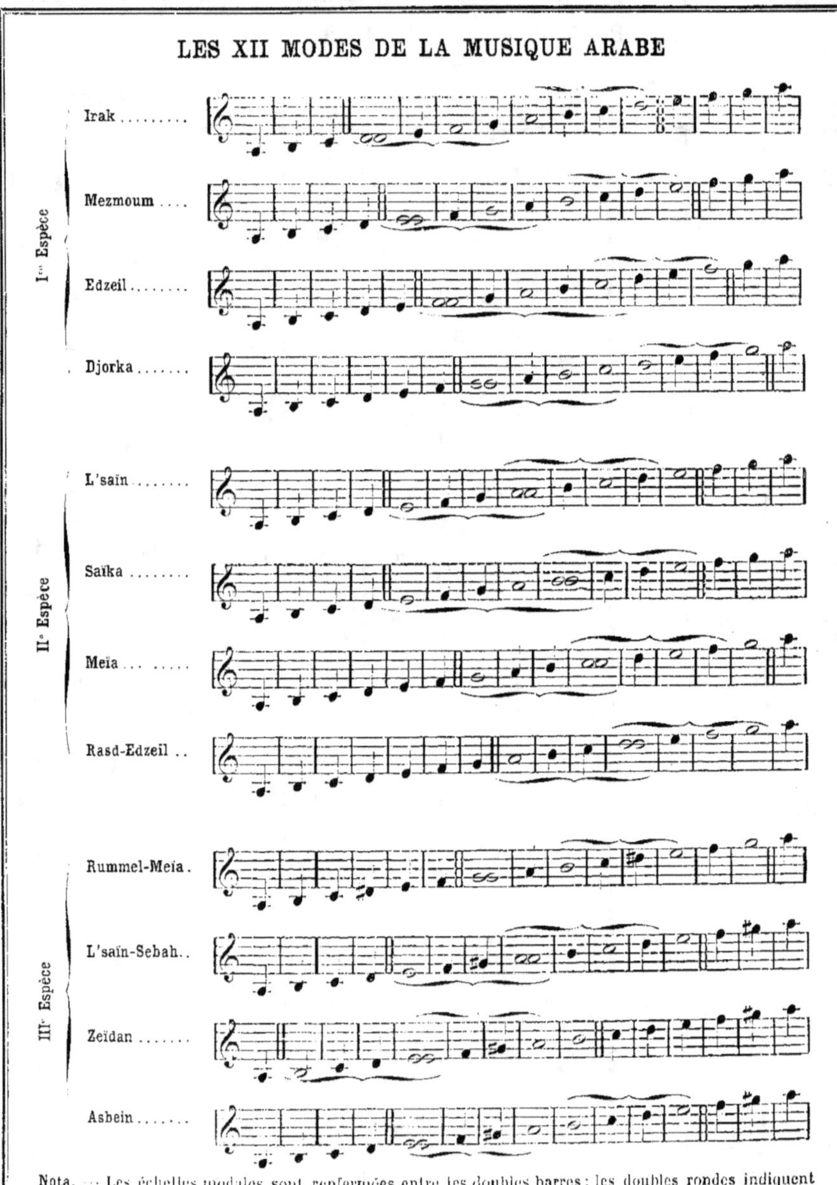

Nota. — Les échelles modales sont renfermées entre les doubles barres : les doubles rondes indiquent les finales, et les rondes simples les sons fondamentaux de chaque mode. Les notes qui complètent le double diapason sont *ad libitum* du compositeur.

Daniel et en consultant les mélodies qu'il a publiées (Voir le tableau ci-contre).

Sans contredit, ce tableau est des plus instructifs; quelques observations en feront mieux ressortir toute la valeur.

I. — Comment n'être pas frappé tout d'abord de la ressemblance qui existe entre les modes arabes et ceux de la musique ecclésiastique, tant grecque que latine? De part et d'autre, on trouve quatre modes principaux, dont les toniques forment le tétracorde *Re - Mi - Fa - Sol;* puis quatre autres modes qui répondent aux premiers par les gammes de *la - si - do - re.* Et dans ces modes, rien qui s'écarte de la simplicité la plus primitive : l'échelle est purement diatonique, le tétracorde des synemmenon ne s'y trouve même pas et, de fait, il n'y est nullement nécessaire.

On remarquera, en effet, une différence assez caractéristique qui distingue les modes arabes des modes grégoriens. Ceux-ci n'ont réellement que quatre finales *RE - MI - FA - SOL*, qui servent de fondamentales aux quatre modes principaux; les quatre tons secondaires, avec les mêmes finales, diffèrent seulement des premiers par la forme de l'échelle, authentique d'une part, plagale de l'autre. Cette disposition ne se retrouve pas dans la musique arabe. Les modes principaux (première espèce) y sont identiques aux modes grégoriens, mais les modes secondaires (deuxième espèce) ont leurs finales propres sur *la, si, do, re,* achevant ainsi de remplir l'octacorde et de faire de chacun des degrés la base d'un mode spécial.

Boëce, au v⁰ siècle, n'avait-il pas quelque idée de cette forme de l'octoechos, lorsqu'il traçait son diagramme des huit modes, en les adaptant à la théorie des modes grecs[1]? Pour lui également, chaque mode, qu'il soit authentique ou plagal, a une finale particulière, et toutes ces finales réunies forment un octacorde. Mais son éducation musicale, toute gréco-romaine, l'a empêché de bien saisir les rapports, comme aussi les différences des deux systèmes et, en l'appliquant comme il a fait au diagramme ordinaire des modes grecs, Boëce a complètement défiguré l'octoechos.

---

[1] Cf. IIᵉ Ét., App. II, ch. v, p. 381 et sqq.

II. — Tout me persuade, au contraire, que nous avons, dans les modes arabes, la disposition première et vraiment originale de l'octoechos ecclésiastique, quelque peu transformée en Occident par suite des habitudes musicales héritées des Gréco-Romains. La simplicité de cette disposition, l'absence de tout élément étranger à l'échelle diatonique, le défaut même de science, en apparence du moins, dans l'organisation des échelles modales, où il n'est question ni de tétracordes, ni de pentacordes, mais seulement d'une finale et de sons fondamentaux, ce sont là des indices très probables d'une haute antiquité et d'une originalité propre à ce système de musique. Raison de plus pour l'étudier attentivement.

Primitivement donc l'octoechos était un système de huit modes réels, distincts les uns des autres par leurs échelles, par leurs finales et par les notes fondamentales, qu'on peut appeler les *dominantes mélodiques*. Quatre de ces modes étaient des modes graves; leurs échelles occupaient de fait les cordes basses de la voix humaine, et la tonique ou finale du mode était aussi le premier degré de son échelle. Nous traduisons aujourd'hui ces finales par *RE*, *MI*, *FA*, *SOL*, parce que ce sont les notes auxquelles, pour la disposition des intervalles au-dessus de la tonique, elles correspondent dans notre système musical actuel; mais, probablement, les modes anciens étaient d'une tonalité un peu plus grave que les nôtres et, pour les replacer dans leur vrai diapason, nous devrions les transcrire un ton ou un ton et demi plus bas, dans des gammes avec ♯ ou ♭. Peu importe; le diapason des échelles, leur tonalité, ne fait rien à la question présente, c'est de leur modalité seule que nous nous occupons.

Les quatre autres modes étaient des modes aigus, non en ce sens que leurs échelles fussent établies tout entières sur les cordes les plus élevées de la voix, c'eût été impossible; mais à cause de leurs finales qui sont placées sur le tétracorde aigu de l'octoechos, comme le montre le diagramme suivant:

Octoechos

Tétracorde grave   Tétracorde aigu

Finales : *RE* - *MI* - *FA* - *SOL* - *la* - *si* - *do* - *re*

Modes : I. II. III. IV. V. VI. VII. VIII.

Quant aux échelles de ces modes aigus, leur position même fit qu'on dut les construire partie au-dessus et partie au-dessous de la finale du mode, afin de demeurer toujours dans les limites de la voix humaine. Elles prirent ainsi une forme plagale, par opposition aux échelles des quatre premiers modes, qui étaient toujours de forme authentique. Et c'est là, sans doute, la raison qui a fait diviser les modes arabes en trois espèces, la première espèce renfermant les modes authentiques, la deuxième espèce les modes plagaux et la troisième les modes chromatiques, division très naturelle, en effet, et qui s'explique d'elle-même dans le système arabe.

Mais la relation entre les modes authentiques et les modes plagaux n'est plus tout à fait celle qui existe dans le système grégorien : il y a *analogie* d'une espèce à l'autre, il n'y a pas *dépendance*. Je dis analogie, parce qu'effectivement la constitution modale offre de part et d'autre certaines ressemblances, qui autorisent un rapprochement, voire, en certains cas, une identification presque complète des mélodies appartenant aux deux espèces de modes, comme je l'ai suffisamment démontré dans mes *Études de Science musicale* [1]. Cette analogie toutefois n'est point dépendance. Dans le système grégorien, les modes plagaux ne sont qu'une forme spéciale des modes authentiques, dont ils dépendent pour leurs tétracordes, pour leur finale et leur dominante harmonique ; c'est un mode unique sous deux aspects différents. Il n'en est pas de même dans le système arabe ; les modes de la deuxième espèce ne dépendent en rien des modes de la première espèce, parce qu'ils ne leur empruntent rien, ayant complètement à eux leur échelle, leur finale et leurs sons fondamentaux, trois choses qui constituent un mode chez les Arabes. Authentiques ou plagaux, les huit modes ont donc chacun une constitution, un caractère qui leur sont propres et qu'ils communiquent aux mélodies composées sur leur échelle ; la qualification d'authentique et de plagal ne s'applique qu'à la forme même de l'échelle, qui diffère suivant l'espèce.

III. — On demandera, sans doute, comment il peut y avoir huit modes distincts, alors que la gamme naturelle ne renferme que sept sons, le

[1] Cf. II° ét., ch. iv, 146, 179, 189. — App. III, 473.

huitième étant la répétition du premier à l'octave. Quelle différence essentielle existe donc entre le premier mode, Irak, et le huitième, Rasd-Edzeil, qui ont l'un et l'autre *RE* pour finale et une échelle composée des mêmes sons et des mêmes intervalles? Je réponds, que ces différences sont multiples et assez caractéristiques, au sens des Arabes, pour ne permettre aucune confusion entre les deux modes.

1° Le mode Irak est un mode grave, le plus grave de tous; ses mélodies se tiennent toujours dans les tonalités inférieures. Le mode Rasd-Edzeil, au contraire, est un mode aigu, le plus aigu des huit; ses mélodies ne se font entendre que sur les cordes élevées de la voix, c'est-à-dire dans le diapason des voix de tête; pour les Orientaux et même pour nous, cette première différence a déjà sa valeur ;

2° L'échelle du mode Irak est authentique; les mélodies s'élèveront aisément aux degrés supérieurs et le premier tétracorde s'y fera toujours entendre avant le second. C'est le contraire pour le mode Rasd-Edzeil, qui est nécessairement plagal; la mélodie y oscille autour de la finale, ne pouvant pas franchir le premier tétracorde, à l'aigu, tandis qu'elle parcourt sans peine le second au grave ;

3° Mais la différence la plus caractéristique de ces deux modes est dans leur dominante mélodique. A en juger par les exemples que nous avons sous les yeux, cette dominante ou note fondamentale dans le mode Irak est la quinte au-dessus de la tonique. Sous ce rapport, le premier mode arabe se comporte exactement comme le premier ton grégorien. Rarement, dans le mode Rasd-Edzeil, cette quinte peut être entendue et seulement en passant; mais, quand la mélodie se tient dans la partie supérieure de son échelle, c'est le *fa* ou le *sol* qui apparaissent comme dominantes, et quand elle se meut plutôt dans la partie inférieure, le *la* et le *do* remplissent le même rôle. De cette manière de procéder résulte une différence telle dans le caractère des mélodies que l'assimilation des deux modes est impossible, surtout pour les Orientaux, plus délicats que nous en fait d'appréciations de ce genre.

IV. — Les trois autres modes authentiques, Mesmoum, Edzeil et Djorka, correspondent aux mêmes tons authentiques de la musique grégorienne, le troisième, le cinquième et le septième. Trois points cependant sont à noter dans leurs mélodies, qui marquent bien la différence du génie musical en Orient et en Occident.

1° Les Arabes ont conservé à leur deuxième mode sa véritable dominante, *si*, qui est, avec *SOL* et *MI*, note fondamentale du mode ; toute la mélodie porte en quelque sorte sur ces trois notes. Le *la*, degré supérieur du premier tétracorde, est aussi l'un de ceux sur lesquels la mélodie aime à se tenir ; mais nulle part le *do* n'apparait comme dominante. En outre, tandis que les compositeurs grégoriens ramènent volontiers le deuxième degré, *FA*, dans les mélodies du troisième ton et qu'ils les terminent rarement par un intervalle de tierce, c'est tout le contraire chez les Arabes : le *FA* disparait systématiquement des mélodies, le mouvement a lieu par degrés disjoints de *MI* à *SOL*, et l'on arrive toujours au repos final par ce même intervalle. N'est-ce pas le retour fréquent de la quinte *si* qui a induit les Arabes à supprimer le deuxième degré, *FA*, tandis que la préférence des Occidentaux pour la marche par degrés conjoints, soit en partant de la tonique, soit en y revenant, leur a fait, au xie siècle, remplacer la dominante primitive sur la quinte par la sixte *do*, plus harmonique avec le *FA* ?

2° Le quatrième degré de l'échelle dans le mode Edzeil (cinquième ton grégorien), c'est-à-dire le *si*, est toujours naturel et non pas abaissé par un ♭, comme il arrive souvent dans les mélodies grégoriennes. Chez les Arabes, d'ailleurs, les échelles modales ne comportent aucune altération accidentelle, l'usage du tétracorde synemmenon, qui caractérise la musique gréco-romaine, leur étant inconnu. Cela ne veut pas dire, cependant, qu'ils ignorent l'art des modulations dans le chant ; ils les connaissent très bien, au contraire, et ils les opèrent comme nous, en changeant l'espèce des tétracordes, c'est-à-dire en haussant ou abaissant certaines notes de la valeur d'un demi-ton. Mais ce sont alors de vraies modulations, qui n'altèrent en rien les échelles modales. On en voit un bel exemple dans le *Chant de la Meule* (chanson kabyle), où la mélodie passe et repasse du mode Meïa dans le mode Edzeil et réciproquement, par le changement du quatrième degré, quarte consonante ou mineure dans le mode Meïa, devenant quarte majeure dissonante dans le mode Edzeil. Parfois même une mélodie commence dans un mode et se termine dans un autre. Ainsi, la vieille chanson des Maures d'Espagne, l'*Ange des déserts*, commence et se poursuit assez longuement dans le mode Zeïdan pour finir, par le changement du *SOL♯* en *SOL ♮*, dans le mode Rasd-Edzeïl ; et cette modulation finale produit certainement un bel effet.

3ᵉ On devine dès lors que les Arabes n'ont pas pour la quarte tritonnée l'horreur qu'en éprouvaient les plain-chantistes, au moins à partir du xiiᵉ siècle, car il ne semble pas qu'il en fût de même auparavant. Le triton, même direct, n'est pas rare dans les mélodies africaines, surtout en certains modes diatoniques et chromatiques, comme l'Edzeïl et le Zeïdan, qui ramènent tout naturellement le *FA♯* et le *si* en opposition l'un avec l'autre. On ne voit pas que les artistes aient cherché à l'éviter ; Le nᵒ XII des *Chants kabyles*, qui est du mode Edzeïl, en contient un exemple frappant ; la mélodie se termine par un double triton des mieux caractérisés :

$$FA - SOL - la - si - si - la - SOL - FA$$

Gardons-nous de dire que l'exemple puisse être imité ; non, pas plus que beaucoup d'autres du même genre que nous trouvons dans les musiques orientales, surtout dans les mélodies du genre chromatique[1]. Mais l'horreur du triton n'est-elle pas devenue excessive chez les plain-chantistes, et n'est-il pas à croire qu'elle les a portés à abuser du tétracorde synemmenon, dans leur traduction en notes carrées des mélodies grégoriennes.

V. — La distinction de deux formes modales, l'une authentique et l'autre plagale, n'est certainement pas aussi rigoureuse dans la musique arabe que dans la musique grégorienne. Les mélodies n'y ont presque jamais une grande étendue ; elles ne dépassent guère l'octave et souvent ne l'atteignent même pas ; mais les limites de l'échelle parcourue par la voix, au-dessus et au-dessous de la finale, ne sont pas déterminées comme dans le plain-chant. Aussi bien dans les modes de la première espèce que dans ceux de la deuxième, la mélodie peut se mouvoir dans les cordes graves, au-dessous de la tonique, ou dans les cordes les plus élevées. Un

---

[1] Cf. IIᵉ Ét., ch. iii, 100. — App. II, ch. vi, 394.

chant du quatrième mode, par exemple, Djorka, ne sera pas nécessairement composé, comme un chant du septième ton, sur les deux tétracordes
supérieurs à la tonique *SOL;* il pourra très bien, renversant les tétracordes, faire entendre le second au-dessous de la tonique et se comporter
ainsi à la manière de notre huitième ton du plain-chant. De même les
mélodies du cinquième mode, L'saïn, sont parfois composées tout entières
ou en majeure partie dans la forme authentique, c'est-à-dire au-dessus de
la finale.

Si donc, dans le tableau précédent, les échelles modales de la première
espèce sont toutes présentées sous la forme authentique et celles de la
deuxième espèce sous la forme plagale, il ne faut pas prendre cette notation d'une manière rigoureuse et absolue, comme dans le plain-chant ;
mais on n'y verra que la forme la plus ordinaire et en quelque sorte
normale des mélodies dans ces divers modes.

On conçoit, d'ailleurs, que le système modal des Arabes puisse, sur ce
point, laisser aux compositeurs une latitude plus grande que le système
grégorien. Celui-ci, en réalité, ne possède plus que quatre modes ; s'il en
distingue encore huit, c'est grâce à une division passablement arbitraire
et, croyons-nous, assez récente, qui établit pour chaque mode deux
échelles distinctes, l'une dite authentique et l'autre plagale. Pour que
cette distinction subsistât dans les mélodies elles-mêmes et qu'il parût
y avoir réellement deux modes au lieu d'un seul, il a fallu déterminer
avec une certaine rigueur les limites de chacune des deux échelles et faire
aux artistes une loi inviolable de ne sortir point de ces limites. De la sorte,
on a eu huit modes sur quatre finales seulement. Mais on sait aussi
combien peu les mélodies les plus anciennes respectent ces lois arbi-
traires et comment elles brisent parfois le cadre trop étroit, dans lequel
on tente de les renfermer.

Les musiciens arabes n'ont que faire de ces lois, parce que leurs huit
modes sont bien huit modes distincts, non pas seulement par la forme
authentique ou plagale de l'échelle et les limites dans lesquelles se meut
la mélodie, mais plus encore par les trois éléments regardés chez eux
comme constitutifs des modes : la tonique ou finale, l'échelle et les sons
fondamentaux. Aussi, de quelque façon que les mélodies soient composées, qu'elles aient une forme authentique ou une forme plagale, ou un

mélange des deux, elles seront presque toujours caractérisées d'une manière suffisante pour laisser apercevoir, faire sentir le mode auquel elles appartiennent. En quoi, certainement, le système modal arabe est supérieur au système grégorien.

VI. — Disons plutôt supérieur au plain-chant, ce sera plus vrai. La musique grégorienne, en effet, n'est pas si différente de la musique arabe qu'il paraît de prime abord. En revendiquant pour le système musical de l'octoechos, contrairement à l'opinion de M. Gevaert, la propriété de toutes les mélodies de l'Antiphonaire aussi bien que du Graduel [1], j'ai fait observer qu'il convient de prendre ce système dans toute sa vérité, et non pas tel que l'ont fait les théoriciens du moyen âge, qui étaient loin d'avoir là-dessus des notions bien exactes. Et j'ai montré comment, à s'en tenir aux vrais principes de toute théorie modale, les mélodies grégoriennes ne sont pas composées sur quatre toniques seulement, mais bien sur six et même sept, qui ne sont autres que les sept degrés de la gamme diatonique.

$$LA\text{-}SI\text{-}DO\text{-}RE\text{-}MI\text{-}FA\text{-}SOL$$

Ce sont donc, en réalité, sept échelles et sept modes distincts qui existent dans la musique grégorienne, et il n'y a pas de doute que ces sept modes ne répondent précisément aux modes arabes [2]. Le huitième semble avoir disparu, parce que dans la disposition adoptée en Occident pour le diagramme des modes, ce huitième mode arabe se confond avec le

[1] Cf. IIe Ét., App. III.

[2] La réduction des huit modes à quatre seulement est un des résultats fâcheux que ne pouvait manquer de produire l'influence des idées gréco-romaines en musique. L'habitude du double tétracorde diezeugmenon et synemmenon, dans toutes les échelles modales, et la persuasion qu'on ne changeait rien à un mode, en usant tantôt d'un tétracorde et tantôt de l'autre, devait infailliblement conduire à cette fusion de deux modes en un, à la suppression, par conséquent, des quatre modes de la deuxième espèce. L'échelle de *la* est, en effet, identique à celle de *RE* avec le synemmenon ; l'échelle de *si* l'est de même avec celle de *MI*; l'échelle de *do* avec celle de *FA* ; et l'échelle de *RE* supérieur se confond avec celle du premier ton, ou encore se retrouve dans l'échelle de *SOL*, avec synemmenon. On a donc supprimé la distinction des modes, mais on a gardé les échelles sous leur forme plagale; *LA*, pour le premier mode plagal (2e ton) ; *SI*, pour le deuxième mode plagal (4e ton); *DO*, pour le troisième mode plagal (6e ton) et *RE*, pour le quatrième mode plagal (8e ton) ; en tout, huit échelles modales, qui donnaient l'illusion des huit modes anciens. On sait cependant que ce changement de système ne se fit pas sans difficulté ni sans protestations de la part de maints artistes, si bien que Charlemagne crut bon de revenir à la pratique ancienne et de rétablir les quatre modes supprimés. On les abandonna de nouveau, faute de comprendre le vrai système de l'octoechos ; mais les erreurs des ixe et xe siècles ne peuvent tirer à conséquence. La doctrine primitive s'est bien conservée chez les Arabes.

premier mode, l'un et l'autre ayant même finale et même dominante.

Pourtant a-t-il vraiment disparu tout entier ? N'en reste-t-il aucun vestige dans nos mélodies ecclésiastiques ? J'ai signalé dans ma II⁰ étude (ch. IV, p. 186) un certain nombre d'hymnes qu'on a attribuées chez nous au huitième ton, parce qu'elles se terminent sur *SOL* et qu'elles font usage de l'échelle plagale. Mais, dans ces hymnes, le *si* est toujours bémol et la mélodie procède par tierce mineure au-dessus de la tonique ; ce qui est absolument contraire à la nature du huitième ton. La vraie échelle modale est ici l'échelle de *RE*, forme plagale, à laquelle j'ai restitué ces mélodies.

Tout cela est, me semble-t-il, rigoureusement exact. Mais, au lieu de classer les hymnes de cette espèce parmi les chants du premier mode plagal (2ᵉ ton), dont elles n'ont vraiment pas le caractère, ne faut-il pas plutôt y reconnaître notre huitième mode arabe, le mode Rasd-Edzeil ? Naturellement, les théoriciens du moyen âge auront fait de ce mode un plagal du quatrième, du Djorka, comme ils avaient fait des trois autres de la même espèce, du L'saïn, du Saïka et du Meïa, les formes plagales des premier, deuxième et troisième modes authentiques. Et c'est ainsi que nous retrouvons, dans la musique grégorienne, le système modal primitif tel qu'aujourd'hui encore il se pratique chez les Arabes d'Afrique [1].

---

[1] Toutes les anomalies que présente la constitution modale de certaines antiennes, de celles qu'on peut regarder comme primitives, s'expliquent également si l'on admet que la musique ecclésiastique était établie, à son origine, sur le système de l'octoechos entendu et pratiqué, comme le pratiquent aujourd'hui encore les Arabes d'Afrique. L'antienne *Nos qui vivimus*, par exemple, qui a donné naissance plus tard au huitième ton irrégulier, est absolument conforme au huitième mode des Arabes, le Rasd-Edzeil ; il rentre ainsi dans la règle de l'octoechos véritable, sans qu'il soit besoin d'y voir une exception anormale.

De même, toutes les antiennes du quatrième ton transposé en *LA*, v. g. : *Ecce veniet propheta magnus*, du premier dimanche de l'Avent à Vêpres, *Apud Dominum misericordia*, des Vêpres de la Nativité de Notre-Seigneur, *Benedicta tu in mulieribus*, de la Purification de la Bienheureuse Vierge Marie, etc., dont la composition est si étrange dans le quatrième ton du plain-chant, deviennent absolument régulières, si on les fait du cinquième mode de l'otoechos, sans y introduire le tétracorde synemmenon à la fin :

Quant aux mélodies, nombreuses dans le plain-chant, qui ont été réellement composées

Il serait tout aussi facile de faire l'application de ce système de l'octoechos à la musique liturgique des Coptes et à celle des Grecs. La première surtout, si on l'étudie bien, parait étonnamment conforme à la musique arabe dans la composition de ses mélodies. Le huitième mode, entre autres, et le cinquième, y sont d'un usage fréquent et très caractéristique. Quant à la musique grecque, les infiltrations étrangères paraissent nombreuses, il est vrai, et elles ont pratiqué dans cette construction antique bien des lézardes, des ruines mêmes; au fond cependant, le vieux système reste debout. c'est toujours l'otoechos et, en le débarrassant des excroissances étrangères, en lui rendant son homogénéité primitive, il reparaîtrait simple et beau comme à l'origine.

VII. — Restent enfin les modes de la troisième espèce, c'est-à-dire les quatre modes du genre chromatique propres de la musique arabe. D'où viennent-ils ? Comment expliquer leur présence dans un système de musique qui est, par ailleurs, d'une simplicité et d'un naturel si antiques?

Certainement ils ne sont pas un emprunt fait à la musique grécoromaine ; leur constitution modale suppose une conception toute différente du chromatisme en musique, et ce ne sont pas les Grecs qui l'ont le mieux compris et pratiqué. D'autre part, aucune trace de ces modes chromatiques ne subsiste ni dans la musique grégorienne, ni dans celle des Coptes d'Égypte. Il faut croire, par conséquent, qu'ils ne faisaient pas partie du système musical, d'où vient la musique chrétienne et que continue la musique arabe.

En revanche, on les trouve chez les Grecs modernes, chez les Arméniens et, généralement, chez les peuples qui ont subi d'un peu près l'influence des Turcs, auxquels ces modes semblent appartenir spécialement. Ceux-ci les ont-ils apportés de la Perse ou des Indes, comme on le dit? C'est un point d'histoire que j'ignore et qui, du reste, importe peu à la question présente. Les Arabes d'Afrique auraient donc, eux aussi, adopté en cela

sur l'échelle de *SI* et sur celle de *DO*, il est évident qu'elles appartiennent au sixième et au septième modes de l'octoechos arabe; la transposition dans le ton de *FA* au moyen du tétracorde synemmenon ne change rien à leur vraie constitution modale. L'octoechos se retrouve donc tout entier dans les mélodies grégoriennes; un même système a régi primitivement la musique des chrétiens et celle des Arabes, et ce système était sans doute commun à tous les peuples des contrées syriennes et égyptiennes, y compris les Juifs.

les usages des contrées plus orientales ; et le fait n'a rien d'étonnant, vu
les relations qui existent entre peuples musulmans. Le génie oriental doit
se complaire dans ces modes, à cause de leur caractère à la fois mystique
et plaintif. D'ailleurs, leurs échelles sont régulièrement constituées et,
entendu de la sorte, le genre chromatique a sa place naturelle en musique.
Il faudrait peu de chose pour nous mettre, sur ce point, d'accord avec
les Arabes, voire pour faire mieux qu'eux, parce que nous aurions un
genre chromatique plus parfait que le leur.

Il est remarquable, en effet, que les quatre modes de la troisième
espèce sont non pas absolument chromatiques, mais semi-chromatiques,
le trihémiton n'existant que dans un seul des deux tétracordes de l'échelle.
Sous ce rapport, la musique africaine ressemble à la nôtre ; nous possédons
également dans le mode mineur une gamme semi-chromatique, avec
trihémiton entre le sixième et le septième degrés, c'est-à-dire un mode
identique au mode L'saïn-Sebah des Arabes, comme l'observe Salvador
Daniel. Mais le système arabe comporte quatre modes de cette espèce ; le
nôtre n'en a qu'un seul.

En quoi la constitution de ces quatre modes est-elle différente de l'un
à l'autre? Il est difficile de répondre bien catégoriquement ; sur ce point,
les explications de Salvador Daniel sont brèves et les exemples font un peu
défaut pour y suppléer. Trois mélodies chromatiques seulement ont été
publiées, et elles sont toutes du mode Zeïdan. Voici pourtant ce que nous
pouvons tirer de ces deux sources d'information.

Le mode Rummel-Meïa commence son échelle sur le *SOL* et l'intervalle
de trihémiton est placé entre le *do* et le *re*, qui est diézé. Le mode L'saïn-Sebah
est exactement notre mode mineur en *La*, avec *SOL*♯, trihémiton de *FA*♯
à *SOL*♯, et sa forme peut être authentique ou plagale. Le mode Zeïdan a
comme tonique finale *MI*, le trihémiton est placé entre *FA*♯ et *SOL*♯ et,
la gamme descendant au *SI* grave dans les mélodies, sa forme est plagale.
Quant au mode Asbein, dit Salvador, le point de départ de sa gamme est
le *MI*, son premier tétracorde est chromatique et, en Algérie, on le confond
souvent avec le mode Zeïdan ; ce qui n'est pas étonnant, puisqu'ils ont
tous les deux même finale, même tétracorde chromatique, et qu'ils ne
diffèrent réellement que par la forme de l'échelle, qui est authentique dans
l'Asbein et plagale dans le Zeïdan. En réalité, ce ne sont pas deux modes

distincts, mais un seul divisé en authentique et plagal, à la façon des modes grégoriens[1].

Il n'y a donc, au fond, que trois modes chromatiques chez les Arabes. Ils se distinguent par leurs toniques, *SOL* pour le premier, *La* pour le deuxième et *MI* pour le troisième ; par leurs échelles, authentique sur *SOL* pour le premier, plagale sur le *MI* ou authentique sur le *La* pour le second, plagale sur le *SI* ou authentique sur le *MI* pour le troisième ; par la place du trihémiton dans la gamme, tantôt entre le quatrième et le cinquième degrés, tantôt du deuxième au troisième, ou du sixième au septième, ou enfin du cinquième au sixième degré. Chaque mode possède, en outre, sa dominante mélodique, ses notes fondamentales, que, faute de documents, je ne puis déterminer. On voit seulement par les trois exemples publiés que, dans le mode Zeïdan, cette dominante est en premier lieu la tonique elle-même, qui revient constamment dans la mélodie, puis la quarte au-dessus de la tonique, degré le plus élevé du premier tétracorde et étape régulière de la voix, lorsqu'elle se meut dans la région supérieure de l'échelle modale.

Les trois modes chromatiques ont donc une constitution assez différente, pour mériter le nom de modes chez les Arabes. Ils sont loin cependant d'offrir la même régularité et un ordre aussi méthodique que ceux de la première et de la deuxième espèces. On s'aperçoit qu'ils ne sont, pour ainsi dire, pas de la même main et que ce n'est pas la même tête qui les a conçus. Autant les premiers révèlent une connaissance exacte, une vue raisonnée des principes qui ont fondé l'art musical, autant les derniers manifestent, au contraire, l'incertitude, la confusion des idées chez les théoriciens qui les ont établis.

Qu'on observe, par exemple, l'étrangeté de ce premier mode sur *SOL*,

---

[1] Les Arabes donnent au mode Asbein la qualification de *diabolus in musica*. « Voici à ce sujet la légende arabe : « lorsque le démon fut précipité du ciel, son premier soin fut de tenter l'homme. Pour réussir plus sûrement, il se servit de la musique et enseigna les chants célestes, qui étaient le privilège des élus. Mais Dieu, pour le punir, lui retira le souvenir de cette science, et il ne put ainsi enseigner aux hommes que ce seul mode, dont les effets sont extraordinaires. » (Salvador DANIEL, *op. cit.*, ch. VI, p. 106.) Le *diabolus in musica* serait donc originaire d'Arabie et s'appliquerait à un mode, non à un intervalle. Qui sait si ce n'est pas de là réellement qu'il nous est venu, par les croisades ? Car c'est bien alors qu'il apparaît dans les ouvrages des maîtres ; nul n'en parle auparavant. Le mode Asbein faisant défaut dans la musique grégorienne, c'est le triton qu'on a mis à sa place. Le méritait-il, vraiment ?

avec quinte augmentée, auquel rien ne ressemble dans les autres modes. Pourquoi ce tétracorde *si-do-re♯-mi* — qui même est ici coupé en deux — sinon parce qu'il faisait autrefois ou ailleurs partie du vrai mode chromatique, à deux tétracordes semblables :

$$\overline{MI - FA - SOL♯} - la - \overline{si - do - re♯ - mi}?$$

On a partagé cette échelle en Afrique et, de ses deux tronçons, on a composé trois modes semi-chromatiques : un sur *SOL*, redevenu naturel, avec le *re♯*; les deux autres sur *MI* et sur *la*, comme toniques, avec *SOL♯*. Encore a-t-on donné au mode de *MI*, et non pas à celui de *la*, une double échelle, authentique et plagale; pour compléter, sans doute, le nombre quatre et rendre symétrique la division des modes par espèces.

Tout cela prouve fort peu de science chez les musiciens. C'était gâter la belle ordonnance du système primitif par des nouveautés mal conçues, tandis qu'on aurait pu la compléter, au contraire, très heureusement, en ajoutant quatre modes véritables, deux chromatiques et deux semi-chromatiques, formés sur le même plan et en vertu des mêmes principes que les huit modes diatoniques[1].

Pour résumer maintenant cette discussion sur la musique arabe, je dirai : la musique arabe nous met en face de deux et même de trois systèmes musicaux, qui ont entre eux une certaine ressemblance, mais aussi une originalité telle qu'on ne saurait les confondre et que, manifestement, ils sont le produit de trois civilisations différentes, celle des Indes et de la Perse, celle de l'Arabie, de la Syrie et de l'Égypte, avant les invasions musulmanes, celle de la Grèce et de Rome sous le paganisme. Ces trois systèmes, mélangés et plus ou moins fondus ensemble, se retrouvent dans la musique arabe, à notre époque. Mais cette musique n'est pas une; au point de vue musical, les Arabes se divisent en deux groupes, ceux qui ont accepté les doctrines étrangères, gréco-romaines d'abord, turques ensuite, et ceux qui ont gardé mieux les traditions antiques, transmises de génération en génération, par la pratique plutôt que par la théorie et l'enseignement.

[1] IIe Ét., ch. iv, 225 et sqq.

Le système des premiers n'offre rien d'original; tous les éléments en sont empruntés aux théories étrangères, venues de l'Orient par les Turcs et de l'Occident par les Grecs. Ces éléments quelque peu disparates ne sont même pas fondus et ordonnés entre eux, de manière à constituer un système complet, régulier dans toutes ses parties et logiquement déduit de principes, sinon certains, du moins probables et suffisant à l'art pratique. Ce n'est pas que les théoriciens aient fait défaut à cette musique ; mais leurs théories manquent de base, parce qu'eux-mêmes, dépourvus de la science nécessaire, ont pris leurs fantaisies pour la réalité et substitué le caprice, l'arbitraire, aux lois immuables de la nature.

Chez les seconds, au contraire, nous trouvons un système bien différent et qui rappelle par sa simplicité, par son naturel absolu, les théories musicales formulées dès la plus haute antiquité. Si l'on en retranche une addition faite après coup et bien postérieure au système lui-même, je veux dire les modes chromatiques, on constate entre la musique des Arabes d'Afrique et toutes les musiques liturgiques des nations chrétiennes non pas une simple ressemblance, mais plus que cela, une identité complète. De part et d'autre, même échelle des sons, même emploi du genre diatonique, même théorie modale relativement au nombre des modes, à leur constitution intime, à leur place sur l'échelle musicale, à leur réalisation pratique dans les mélodies ; j'ajoute, même doctrine et même pratique rythmique, non moins simple ni moins naturelle que la théorie harmonique [1].

Entre ces divers systèmes de musique, quand on y regarde de près, l'air de famille est si manifeste, si profond, qu'on est forcé de conclure à une origine commune. Où la placer? Évidemment, dans ces contrées orientales de la Syrie, de la Phénicie, de la Palestine, de l'Égypte et de l'Arabie, qu'une même civilisation tint si longtemps unies et en rapports suivis les unes avec les autres. La musique y était cultivée, à l'égal de tous les arts : une même théorie la régissait partout, une même pratique

---

[1] L'étude du rythme dans la musique arabe serait certainement des plus instructives et des plus intéressantes. Dom Parisot n'a pas abordé ce sujet dans sa conférence ; je l'eusse fait volontiers ; mais il vaut mieux attendre que les travaux annoncés sur les diverses musiques de l'Orient nous mettent en possession de documents plus nombreux et de nature à faire le jour plein sur cette question tant débattue du rythme dans la musique ecclésiastique. Nous y reviendrons, s'il plaît à Dieu.

dirigeait les artistes compositeurs et exécutants ; on l'observait dans les académies d'Égypte comme parmi les tribus nomades de l'Arabie, à Damas et à Tyr, comme dans le temple fameux de Jérusalem. C'est de là qu'elle est partie, pour se répandre avec l'Église chrétienne jusqu'aux extrémités de l'Occident ; et si l'Orient n'a pas été partout fidèle à garder son trésor, en Afrique du moins on le retrouve presque intact, chez des peuples que n'ont pu entamer ni la civilisation raffinée de la Grèce et de Rome, ni celle plus funeste encore des Indes et de la Perse.

N'y a-t-il pas là un fait bien intéressant, au point de vue de l'histoire de la musique en général, mais plus en particulier à celui d'une restauration complète de notre musique chrétienne, en Orient et en Occident ?

DIFFICULTÉS ET RÉPONSE

La *Musica sacra* (Revue de chant liturgique), de Toulouse, publiait
dernièrement, sous la signature Ph. M., professeur, un compte rendu du
premier volume des *Études de Science musicale*, très élogieux du reste, mais
qui se terminait par les réflexions suivantes :

La grosse objection qui m'a saisi tout d'abord et que jamais je n'ai pu dissiper,
c'est que la gamme acoustique, c'est-à-dire donnée par la résonance harmonique,
n'est déjà plus, d'abord, notre gamme moderne, usuelle, puisque le *tempérament*,
contraire à celle-là est essentielle à celle-ci.

Cette gamme acoustique est-elle, en outre, la gamme grecque? J'hésiterai fort à
le penser, car c'est du monocorde et des mesures cordales, et non des résonances
acoustiques que Pythagore et tous les théoriciens ont tiré et déterminé toutes les
notes de toutes leurs échelles diatoniques, chromatiques et enharmoniques, notes
à intervalles de toute espèce : d'un ton et demi, d'un ton majeur et mineur,
d'un demi-ton majeur et mineur, d'un tiers de ton, d'un quart de ton, etc., etc.
Tout ces intervalles sont encore aujourd'hui tirés de la même source et
en vivant usage dans l'Orient grec, arabe, turc, etc., quoi qu'en puisse penser
l'auteur et quoi qu'en ressentent nos oreilles occidentales. L'oreille, il ne faut
pas l'oublier, est un organe musicalement fort complaisant, qui subit toute éducation et prend toute habitude. L'oreille naturelle des Orientaux n'est, après tout,
pas moins délicate que la nôtre; or elle n'est pas moins choquée, au premier abord,
de notre musique, surtout de nos harmonies, que notre oreille ne l'est au premier
coup, de leur musique à intervalles non diatoniques. Peu à peu cependant leurs
oreilles se font à nos musiques, comme nous finissons par nous faire à la leur.

C'est donc, comme je viens de le dire, non affaire de nature originelle, mais
affaire d'éducation et d'habitude, c'est-à-dire de seconde nature.

Dans nos lutrins actuels, de Lafage affirme avoir souvent constaté que les chantres
ordinaires à voix réputée juste, mis en présence de l'intervalle grégorien si fréquent
dans les chants liturgiques, tel que *re, do, re* ; *la, sol, la*; *sol fa sol*, etc., au lieu de
donner le ton complet, majeur ou mineur, ou du moins le demi-ton ordinaire, comme
le réclament certains modernes, c'est un intervalle entre deux qu'ils donnent, intervalle qui est plus grand que le demi-ton, et plus petit que le ton. L'expérience
consignée par de Lafage est facile à vérifier; elle est à la portée de tous ceux qui
ont l'oreille un peu exercée. Or à quelle gamme ces intervalles appartiennent-ils? Pas
à la gamme acoustique, assurément. Sont-ils néanmoins faux?

La gamme qui résulte des résonances harmoniques *ascendantes*, n'étant point tempérée, donne de fait, des mesures de vibration assez différentes de celles qui correspondraient aux mesures du monocorde. L'auteur lui-même a reconnu ce fait[1].

A ce sujet, il me revient un souvenir lointain de la lecture d'un énorme *Traité d'Harmonie*, de Durutte, où cet ancien polytechnicien, justement raillé par Berlioz pour ses phénoménales obscurités, montre cette fois clairement que, sans un certain tempérament, les harmoniques très aiguës ne seraient jamais justes, mais toujours un peu hautes. Ainsi, loin de fournir l'échelle musicale seule juste, la résonance harmonique ne pourrait, d'après cela, n'en produire qu'une fausse, et le tempérament serait la condition nécessaire de sa justesse.

Si donc sa base, la gamme acoustique, vient à manquer à l'auteur, tout l'édifice de son travail branle et s'effondre ; ses conclusions relatives à l'échelle grégorienne sont sans appui ; mais c'est surtout son importante théorie des modes grégoriens qui devient insoutenable, car il tire de cette résonance le caractère qui, selon lui, est essentiel et distinctif des modes, savoir cette marche de la tonique sur le quatrième et le cinquième degrés ascendants, retournant de là sur ladite tonique. C'est bien là, en effet, la marche caractéristique de la tonalité moderne dans la gamme usuelle. Mais cette même marche est-elle également et essentiellement la même dans la gamme et la tonalité grégoriennes ? et la leur appliquer, n'est-ce pas les détruire en les modernisant ? Et que devient par suite la classification nouvelle des modes proprement grégoriens, non moins que toute une série de points connexes ?

A ces difficultés de mon honorable critique j'ai cru devoir faire une réponse, qui a dû nécessairement dépasser les limites où l'objection avait pu se renfermer. Sa longueur n'a pas permis au Révérend Père Comire, directeur de la *Musica sacra*, de l'insérer dans sa Revue, bien qu'il rendît hommage à la solidité du fond et à la parfaite convenance de la forme. Nombreux cependant sont les musiciens que les difficultés de M. le professeur Ph. M., arrêteront comme lui d'ajouter foi à la théorie musicale de mes deux premières Études. Je crois donc utile de publier ma réponse et de justifier ainsi aux yeux d'un grand nombre les principes sur lesquels je fais reposer toute cette théorie. On verra qu'il n'y a rien là d'arbitraire ni de personnel, mais uniquement des faits, les uns historiques et les autres scientifiques, qu'il faut connaître pour juger pertinemment de la valeur des différents systèmes musicaux.

---

[1] 1re Et., p. 19.

Paris, le 19 octobre 1898.

Mon Révérend Père,

J'étais absent de Paris, lorsque ont paru les deux numéros de la *Musica sacra*, août et septembre, dans lesquels M. le professeur M..., donnait la suite de son travail sur mes *Etudes de Science musicale*. C'est tout dernièrement que j'ai pu les lire, et je m'empresse de remercier l'honorable auteur du soin vraiment scrupuleux avec lequel il a analysé le premier volume. Ce n'était pas chose facile, je l'avoue.

Mais la critique a aussi ses droits ; M. le professeur a cru devoir en user, très courtoisement d'ailleurs et non sans bienveillance, je me plais à le reconnaître. Je n'ai qu'un regret : que cette critique porte non sur des opinions plus ou moins contestables, comme il peut s'en rencontrer dans mon livre, mais sur des faits qu'il est aisé de vérifier. Car enfin les faits sont des faits ; s'il est facile de les nier ou de les révoquer en doute, il l'est beaucoup moins, on le verra, de justifier l'un et l'autre. Ici, par surcroît, les faits sont capitaux, ils servent de base à tout un système à la fois scientifique et artistique ; on comprendra donc que je ne veuille pas les laisser contester sans raison.

Oui, certainement, dans la théorie qui fait l'objet de mes deux premières Etudes, tout dépend de la vérité des faits par lesquels j'explique l'origine et la constitution de l'échelle musicale : genres, modes et tons, tout découle de là. M. le professeur ne nie pas, d'ailleurs, que les déductions soient parfaitement logiques, claires et assez complètes pour former un véritable système musical. Reste à savoir quelle est la valeur du principe et si les faits invoqués ont toute la certitude désirable.

Quels sont ces faits ? Il y en a deux principaux : le fait de la résonance harmonique pouvant fournir par une suite de générations distinctes tous les sons de l'échelle musicale ; puis la conformité de la gamme ainsi obtenue avec celle des anciens, celle de la musique grégorienne et avec la nôtre aujourd'hui encore. Ce double fait, je l'affirme. Si, dans mon livre, je me suis borné à en indiquer les preuves, c'est que je ne voulais point écrire un traité d'acoustique, et qu'il me paraissait bien suffisant de renvoyer aux ouvrages qui traitent *ex professo* de ces questions scientifiques.

Mon honorable critique croit pouvoir les révoquer en doute, et il donne ses raisons. Franchement, ces raisons m'étonnent. Quoi donc ? Le tempérament essentiel à notre gamme musicale ? Pythagore tirant du monocorde des intervalles de ton, de demi-ton, de tiers, de quart de ton ? L'oreille, juge en dernier ressort des vrais intervalles musicaux ? Pour toute expérience démonstrative, le recours à des chantres de lutrin plus ou moins incultes ? Les *phénoménales obscurités* de Durutte comme preuve de la nécessité du tempérament pour corriger la fausseté des sons harmoniques ? etc., etc. En vérité, quelle confusion dans les idées, que de notions vagues, incomplètes, superficielles, et par là même le plus souvent fausses !

Comment répondre à tout cela, comment redresser tant d'erreurs ? Il y faudrait tout un traité d'acoustique musicale, non d'après les errements anciens, mais corrigé, complété sur les dernières données de la science. Impossible évidemment d'aborder ici une tâche pareille. On a bientôt fait de brouiller un écheveau ; mais le travail est long pour rétablir le fil. M. le professeur ne trouvera donc pas mauvais que je me borne à lui donner sur trois ou quatre points, les plus importants, une courte explication.

I. — Le tempérament musical

Bien loin d'être pour notre gamme moderne une condition essentielle de justesse, le tempérament ne fait, au contraire, que la fausser un peu dans toute son étendue.

Qu'est-ce que le tempérament ? Une moyenne entre deux sons parfaitement justes l'un et l'autre et distants de la valeur d'un comma pythagoricien. *Do* ♯, par exemple, et *Re* ♭ sont, en réalité, deux degrés distincts de la gamme, qui forment intervalle de demi-ton diatonique, *Re* ♭ avec *Do* ♮ inférieur et *Do* ♯ avec *RE* ♮ supérieur. Au contraire, il y a intervalle de demi-ton chromatique entre *Do* ♮ et *Do* ♯, en montant, entre *RE* ♮ et *Re* ♭, en descendant. Or quel musicien ignore que le demi-ton diatonique est naturellement moindre que le demi-ton chromatique ? La différence entre eux est précisément le comma pythagoricien.

Que fait donc le tempérament ? Il supprime cette différence, crée un son moyen entre le ♯ et le ♭, et identifie ainsi en un son unique deux sons réellement distincts dans l'échelle musicale. Pourquoi ? Est-ce pour rendre la gamme juste, de fausse qu'elle serait naturellement ? Loin de là ; mais on y est contraint, *dans la pratique*, par deux raisons faciles à comprendre.

La première, à cause des instruments à sons fixes, comme l'orgue, le piano, les instruments à clefs ou à pistons, flûtes, hautbois, cornets, etc. Il semble impossible, dans ces instruments, de multiplier les notes et de compliquer le mécanisme autant qu'il le faudrait pour conserver partout la différence des ♯ et des ♭. On a donc recours au procédé du tempérament, qui, divisant l'intervalle d'octave en douze demi-tons égaux, permet de réduire à treize les vingt-deux notes de l'échelle chromatique naturelle et vraie. Les instruments à sons variables, comme le violon, le violoncelle, le trombonne à coulisse, etc., n'offrent pas cette difficulté, les intervalles entre les sons ne dépendant que de la position des doigts ou de la main. Aussi le tempérament n'y est-il point nécessaire ; les artistes ne le pratiquent qu'autant qu'ils y sont obligés pour se mettre d'accord avec les instruments à sons fixes.

Une autre raison du tempérament, et celle-là plus impérieuse, plus universelle que la première, provient de l'harmonie moderne. La théorie démontre et l'expérience a confirmé qu'en musique les intervalles des sons, certains intervalles du moins, savoir les tierces et leur renversement, les sixtes, ont une valeur différente, suivant qu'ils sont employés mélodiquement ou harmoniquement, c'est-à-dire suivant que les sons se font entendre successivement et séparément, ou qu'ils résonnent ensemble et forment un accord. Le fait est curieux et des plus importants pour la science musicale ; mais il est aujourd'hui incontestable, après les expériences qu'en ont faites MM. Cornu et Mercadier et dont le rapport a été lu à l'Académie des Sciences. Nous en dirons quelque chose tout à l'heure.

Or ce fait bien constaté a comme conséquence l'impossibilité absolue, ce semble, de *pratiquer* autrement l'harmonie qu'en égalisant tous les intervalles de demi-ton de l'échelle musicale, c'est-à-dire en recourant dans la pratique au tempérament égal. On supprime de la sorte la différence qui existe naturellement entre les tierces mélodiques et les tierces harmoniques, et l'on rend facile la succession des accords sur toutes les notes de la mélodie.

Mais il est clair aussi que, par ce procédé purement conventionnel, on ne saurait obtenir ni des accords parfaitement justes, ni une succession d'intervalles mélodiques conservant tous leur valeur exacte et naturelle. C'est un procédé que la nécessité justifie et auquel, d'ailleurs, l'oreille des musiciens ne répugne pas absolument, parce que de fait l'écart est minime, presque insensible, un demi comma, entre les sons vrais de l'échelle musicale ou de la résonance harmonique et ceux que leur substitue le tempérament. Rien n'autorise cependant à dire que le tempérament est essentiel à notre gamme moderne. Certains instruments peuvent en avoir un besoin pratique ; la gamme y perd toujours quelque chose de sa justesse.

II. — Les vrais intervalles de la gamme moderne

Maintenant, les sons vrais de notre échelle musicale sont-ils bien ceux qui résultent de la succession des quintes, c'est-à-dire, comme je l'ai expliqué, d'une série de générations distinctes poussées jusqu'au septième, au quatorzième et au vingt et unième terme ? Ou bien, comme on l'affirme, « loin de fournir l'échelle musicale seule juste, la résonance harmonique ne pourrait-elle en produire qu'une fausse, et le tempérament serait-il la condition nécessaire de sa justesse » ?

Pour ce qui regarde le tempérament, je viens de montrer qu'en aucune hypothèse, ni mélodiquement ni harmoniquement, il ne saurait être une condition de justesse des sons, puisqu'il a été inventé dans un tout autre but, pour suppléer, au contraire, à l'impossibilité pratique de produire tous les sons justes, tels qu'ils devraient être naturellement.

Quant à la nature des intervalles qui composent l'échelle musicale moderne, demandons-la aux expériences de MM. Cornu et Mercadier, deux physiciens éminents qui ont pris à tâche de la démontrer aussi clairement que possible, non par des déductions rationnelles, quelque logiques qu'elles puissent être, mais par des faits dont rien ne peut infirmer la valeur. Ces expériences ont été exposées dans deux Mémoires, que l'Académie des Sciences de Paris a insérés dans ses *Comptes Rendus* (n^{os} des 8 et 22 février 1869) [1]. En voici le résumé :

Les deux savants rappellent tout d'abord que, relativement à la valeur des sons et des intervalles dans l'échelle musicale, les physiciens sont partagés d'opinion. Ils sont d'accord sur la valeur de l'octave, de la quinte et de la quarte, dont les nombres acoustiques sont pour tous 2, $\frac{3}{2}$ et $\frac{4}{3}$; mais ils diffèrent au sujet des autres intervalles, qui n'ont plus la même valeur dans les différents systèmes. En réalité, cette divergence peut être ramenée à un seul point, la valeur de la tierce majeure, qui décide de tous les autres. Les uns lui assignent comme nombre acoustique la fraction $\frac{5}{4}$, tandis que les autres admettent la fraction $\frac{81}{64}$, plus forte que la précédente de $\frac{1}{64}$. La première tierce $\frac{5}{4}$ est la tierce *harmonique*, celle qu'on trouve entre le huitième et le dixième termes de la résonance ; la seconde est appelée tierce *pythagoricienne*, du nom du philosophe Pythagore, instituteur de la musique chez les Grecs de l'antiquité.

« Plusieurs physiciens, qui sont en même temps musiciens, notamment MM. Delezenne, E. Ritter, Helmholz, ont alternativement essayé de résoudre la question dans un sens ou dans l'autre, persuadés que la vérité devait se trouver dans l'une des opinions, à l'exclusion de l'autre.

« Les résultats des expériences que nous avons faites à ce sujet, nous ont conduits à cette conclusion, singulière au premier abord, qu'il n'y a pas lieu

---

[1] M. le professeur jugera sans doute, comme moi, qu'une expérience faite dans des conditions à la fois aussi artistiques et aussi scientifiques offre des garanties infiniment supérieures à celle qu'il propose, pour vérifier le dire de Lafage. Quand bien même celui-ci aurait observé juste, que prouve le fait dont il parle, sinon la tendance que nous avons dans certains cas à rapprocher les notes distantes d'un intervalle de ton, lorsqu'elles peuvent devenir notes sensibles les unes des autres ? Et n'est-ce pas le cas observé ? Notre septième sensible du mode mineur n'a pas d'autre cause, et les deux sensibles du genre chromatique parfait seraient dans le même cas. Il faut en dire autant des *subductions* du moyen âge et de celles que pratiquent les Grecs modernes. Mais tous ces faits laissent intacte la constitution vraie et naturelle de l'échelle musicale.

de déclarer faux l'un ou l'autre des deux systèmes, qu'il n'y a entre eux nulle contradiction, mais simplement confusion dans l'interprétation des expériences.

« Voici, en effet, l'énoncé de ces résultats :

1° Les intervalles musicaux n'appartiennent pas à un système unique, tel qu'on l'entend ordinairement et qu'on désigne sous le nom de *gamme* ;

2° L'oreille exige, dans la *succession* des sons formant ce que les musiciens nomment *mélodie*, des intervalles appartenant à une série de quintes et composant la gamme dite de Pythagore. Elle exige, au contraire, pour des sons *simultanés* formant des accords, base de l'*harmonie*, un autre système d'intervalles régi par la loi dite des *nombres simples*, et dont le deuxième système, cité plus haut, donne un tableau incomplet.

« Nous sommes arrivés à ces conclusions par la mesure directe ou indirecte du nombre des vibrations des sons formant les intervalles que nous voulions étudier... Dans nos déterminations, nous avons employé les sons produits par la voix, le violoncelle, le violon, les tuyaux d'orgue [1]. Pour compter les vibrations, nous nous sommes servis du phonautographe. Enfin, comme mesure indirecte, nous avons répété sur le sonomètre, avec le plus grand soin, l'expérience citée plus haut... »

Avec la voix, le violoncelle et le violon, deux séries d'expériences consistant dans la mesure des intervalles produits *mélodiquement* et *harmoniquement* ont conduit à deux valeurs moyennes de la tierce majeure différentes l'une de l'autre. La tierce *harmonique* a été trouvée égale à 1,250, c'est-à-dire à $\frac{5}{4}$ exactement ; la tierce *mélodique*, plus haute que l'harmonique, est représentée par 1,265, valeur presque identique à la fraction $\frac{81}{64}$ ou 1,2656, qui est la tierce pythagoricienne.

Mêmes expériences et mêmes résultats avec les tuyaux d'orgue et avec le sonomètre. Au sujet de ce dernier, les auteurs ajoutent : « Nous avons pu, à cette occasion, vérifier combien grande est la sensibilité de l'oreille et lever ainsi les deux objections suivantes : 1° L'oreille peut-elle apprécier nettement le comma et les fractions du comma ? 2° N'y a-t-il pas de divergences notables dans l'appréciation des mêmes intervalles par divers musiciens ? — Or un déplacement du chevalet de moins de 1 millimètre sur une corde de 1 mètre a toujours été apprécié sans difficulté par le grand nombre de musiciens, qui ont bien voulu prêter leur concours, et tous, sans connaître le but de nos expériences, ont fixé à 1 millimètre près à droite ou à gauche la position du chevalet, à la place correspondant à la tierce pythagoricienne $\frac{81}{64}$.

---

[1] Plusieurs des meilleurs artistes de Paris ont prêté leur concours pour ces expériences.

« Ajoutons que nos expériences ont porté dans tous les cas et en même temps sur la quinte, intervalle fondamental de l'accord des instruments à corde et dont la valeur $\frac{3}{2}$, pas plus que celle de l'octave 2, n'a jamais été contestée. Nous avons trouvé que la valeur de ces intervalles ne variait pas, qu'on les produisît harmoniquement ou mélodiquement.

TABLEAU RÉSUMÉ DES EXPÉRIENCES

SONS PRODUITS	TIERCE MAJEURE		QUINTE MAJEURE	
	HARMONIQUE	MÉLODIQUE	HARMONIQUE	MÉLODIQUE
Par la voix humaine...	—	1,260	—	1,497
— le violoncelle.....	1,251	1,266	1,499	1,508
— le violon.	1,249	1,264	1,504	1,504
— les tuyaux d'orgue.	1,252	1,267	1,493	1,497
— le sonomètre......	—	1,271	—	1,500
Moyennes observées.	1,251	1,266	1,499	1,501
Nombres acoustiques.	$\frac{5}{4} = 1{,}250$	$\frac{81}{64} = 1{,}2656$	$\frac{3}{2} = 1{,}500$	$= 1{,}500$

« Les petites variations des nombres ci-dessus autour de leurs moyennes proviennent beaucoup plus de la difficulté d'obtenir, pour les sons à comparer, des timbres et des intensités parfaitement identiques, que du défaut de délicatesse de l'oreille. C'est ce qu'on peut observer spécialement avec le sonomètre, lorsqu'on fait résonner la corde sans précaution ; les sons un peu sourds paraissent toujours graves, et les sons chargés d'harmoniques aigus un peu élevés.

« En résumé, ces expériences conduisent à admettre : que l'oreille exige, dans la succession mélodique de deux sons à la tierce majeure, un intervalle plus aigu que lorsqu'on fait entendre les deux sons simultanément. Quant à la quinte, l'oreille admet, pour la mélodie, le même intervalle que pour l'harmonie. »

Or cette condition de faire dans la gamme mélodique toutes les tierces majeures égales à $\frac{81}{64}$ n'est pleinement réalisée que si l'échelle musicale est constituée au moyen de la génération des quintes. Le tableau de la page 33 (1re Étude), représente, en effet, toutes les tierces majeures par le même rapport numérique $\left(\frac{3}{2}\right)^4 : 4$ ou $\frac{81}{64}$ et cela, quelle que soit la tonalité dans laquelle on construise la gamme diatonique. Donc la résonance harmonique et ses quatre premiers termes sont bien le principe, la loi constitutive de l'échelle musicale dans le système mélodique, le seul qui nous occupe maintenant [1].

A cette preuve exprimentale qui nous est fournie par les savants académiciens ajoutons-en une autre, inverse de la première, mais non moins curieuse ni moins concluante. MM. Cornu et Mercadier ont fait jouer par des artistes la gamme aussi juste que possible ; ils ont compté les vibrations de chaque note et déterminé, à peu de chose près, la valeur réelle des sons et leurs rapports numériques. La conclusion est que les nombres dits de Pythagore expriment les vrais rapports des sons dans la gamme des musiciens modernes.

Nous pouvons, à notre tour, faire entendre aux musiciens cette même gamme, en donnant à chacun des sons qui la composent leur valeur exacte, mathématique. Ils diront alors si cette gamme est bien la nôtre et si les valeurs attribuées aux sons ♮, ♯ et ♭, répondent à ce que réclame le sens musical.

J'ai fait pour cela confectionner trois tubes complètement cylindriques et à embouchure de flûte. Mais, au lieu de percer des trous pour former les notes de la gamme, je divise chaque tube en autant de parties qu'il y a de notes. Ces parties s'emboîtant les unes dans les autres, on peut ainsi allonger ou raccourcir le tube de toute la longueur nécessaire à chaque note pour être parfaitement juste. [2]

Le premier tube est divisé de manière à produire successivement tous les sons de la gamme chromatique par ♮ et ♯ :

$$DO♮\text{-}do♯\text{-}RE♮\text{-}re♯\text{-}MI\text{-}FA♮\text{-}fa♯\text{-}SOL♮\text{-}sol♯\text{-}LA♮\text{-}la♯\text{-}SI\text{-}DO♮.$$

Le deuxième tube donne également la gamme chromatique, mais par ♮ et ♭ :

$$DO\text{-}re♭\text{-}RE♮\text{-}mi♭\text{-}MI♮\text{-}FA\text{-}sol♭\text{-}SOL♮\text{-}la♭\text{-}LA♮\text{-}si♭\text{-}SI♮\text{-}DO.$$

La valeur des notes dans ces deux tubes est calculée suivant la méthode que j'ai exposée dans ma Ire Étude, c'est-à-dire par la génération des quintes :

---

[1] L'expérience de MM. Cornu et Mercadier prouve également que la résonance harmonique offre le modèle des accords usités en harmonie, avec la valeur exacte de leurs intervalles. Mais cette question devra être traitée ailleurs.

[2] Par quel procédé rigoureusement exact on obtient ces diverses longueurs de tube, il serait trop long et bien inutile de l'expliquer ici. Il suffit de dire que, lors de l'Exposition internationale de Bruxelles, en 1887, l'exactitude de ce procédé a été l'objet d'un examen sérieux de la part de juges aussi compétents par leur science acoustique que par leur expérience dans la facture des instruments. Leur rapport a été des plus favorables et a valu à l'auteur du procédé d'être récompensé par le Jury.

FA-DO-SOL-RE, etc. et toutes ces quintes sont rigoureusement l'une à l'autre dans le rapport $\frac{3}{2}$ ou $\frac{2}{3}$, qui est celui de la résonance harmonique. Les deux gammes chromatiques sont donc bien celles des nombres dits pythagoriciens, tels qu'on les trouvera dans ma Ire Étude (pp. 27 et 28). Or tous les artistes auxquels j'ai pu faire entendre ces gammes diatoniques et chromatiques, en n'importe quel ton, ont été d'accord pour reconnaître leur justesse parfaite et la pleine satisfaction qu'elles donnent à l'oreille musicale, même la plus délicate.

Bien plus, ceux même qui répugnaient auparavant à admettre la possibilité de faire entendre distinctement la différence du comma qui sépare deux degrés chromatiques, l'un ♯ et l'autre ♭, dans l'intervalle de ton majeur, ont dû convenir ensuite que cette différence est non seulement très appréciable en elle-même, mais qu'elle caractérise d'une manière absolument exacte la valeur et le rôle de ces deux degrés dans la gamme. Ainsi, au jugement des meilleurs artistes, la gamme dite pythagoricienne est bien réellement notre gamme moderne, celle qui répond le mieux aux exigences d'une oreille naturellement musicale, lorsqu'elle n'a pas été déformée par une éducation fausse.

Pour compléter l'expérience, un troisième tube est divisé de manière à faire entendre la gamme chromatique tempérée, c'est-à-dire celle qui renferme seulement douze demi-tons égaux et dans laquelle les deux notes chromatiques distantes d'un comma sont remplacées par une note unique, moyenne entre les deux précédentes.

Les intervalles de cette gamme, diatoniques et chromatiques, diffèrent nécessairement tous de ceux qui composent les gammes pythagoriciennes. Or cette différence, quelque minime qu'elle soit, puisqu'elle n'excède pas la valeur d'un demi-comma, et quelque acceptable qu'elle apparaisse à l'oreille, ne laisse pas toutefois d'être appréciable, particulièrement dans les notes sensibles qui perdent, vis-à-vis de leurs notes appelantes ou notes de repos, la force d'attraction qui leur est naturelle en musique.

Ainsi, tandis que dans la gamme pythagoricienne *do* ♯, par exemple, tend naturellement vers *RE* ♮, dont il est note sensible, et *re* ♭ vers *DO* ♮, note de repos, aucune attraction pareille ne se fait sentir dans la gamme tempérée. La note moyenne, qui tient lieu des vraies notes chromatiques, peut tout aussi bien monter au *RE* ♮ que descendre au *DO* ♮, l'un n'étant pas plus appelé que l'autre. Et c'est ce qui explique, dans la musique moderne, la possibilité des accords enharmoniques, comme celui de septième diminuée.

Mais, évidemment, il n'y a là qu'une tolérance de l'oreille, non une justesse absolue des sons. Rien ne prouve que l'harmonie elle-même ne deviendrait pas plus parfaite, que sa puissance d'impression ne serait pas

accrue, s'il était pratiquement possible de conserver aux accords les valeurs
exactes que la théorie leur assigne et que réalise la résonance harmonique.
Le dernier mot n'est pas dit en ce qui regarde la science de la symphonie.
Combien de progrès sont encore possibles dans ce domaine !

III. — LA GAMME DE PYTHAGORE

Mais, s'il faut convenir que notre gamme moderne est bien celle que nous
avons fait dériver de la résonance harmonique, du moins ne saurait-il en
être ainsi de la musique ancienne. M. le professeur l'affirme nettement :
« C'est du monocorde et des mesures cordales, non des résonances acoustiques, que Pythagore et tous les théoriciens ont tiré et déterminé toutes les
échelles diatoniques, chromatiques et enharmoniques, notes à intervalles de
toutes espèces : d'un ton et demi, d'un ton majeur et mineur, d'un demi-ton
majeur et mineur, d'un tiers de ton, d'un quart de ton, etc., etc. Tous ces
intervalles sont encore aujourd'hui tirés de la même source et en vivant
usage dans l'Orient grec, arabe, turc, etc., quoi qu'en puisse penser l'auteur
et quoi qu'en ressentent nos oreilles occidentales[1]. »

Difficilement, je le dis à regret, on renfermerait dans un seul alinéa plus
d'inexactitudes et de contre-vérités. C'est que, en pareille matière, l'érudition
historique n'est pas moins nécessaire que la science musicale ; des notions
vagues, superficielles et puisées ailleurs qu'à leur vraie source, ne peuvent
suffire. Il me semblait pourtant en avoir dit assez, dans les trois appendices
de mon premier volume, pour éviter au critique le tort de confondre tant de
choses distinctes, voire opposées entre elles, pour lui permettre même
d'éclaircir ses doutes, de répondre à ses difficultés. Aurais-je manqué de
clarté, de plénitude suffisante dans mes explications ? Il le faut, puisque je
n'ai pas été compris. Essayons, si possible, de dissiper ces ombres.

Tout d'abord, quand on parle de l'antiquité et des systèmes musicaux
qu'elle a produits, on ne doit pas faire un seul bloc de *Pythagore et de tous
les théoriciens*. Longtemps, il est vrai, et ces temps furent les meilleurs, il
n'y eut en Grèce qu'une seule école de musique, celle de Pythagore, école
vraiment scientifique non moins qu'artistique, encore que la science en fût
assez bornée et quelque peu fantaisiste. Aristoxène vint (vers 350 avant Jésus-

---

[1] *Musica sacra*, septembre 1898, p. 119. *Quoi qu'en dise* mon honorable contradicteur, je
ne pense pas et je n'ai avancé nulle part que, chez les Grecs et chez les Arabes, Turcs, etc.,
on n'ait fait ou l'on ne fasse encore aucun usage d'intervalles autres que les vrais intervalles, diatoniques et chromatiques. Les appendices de mon premier volume, et surtout le
quatrième qui vient de paraître, disent assez le contraire. J'ai dit seulement et je maintiens
sur de bonnes autorités, que ces intervalles altérés ne sont employés ni dans la musique
ecclésiastique des Coptes ni dans la musique profane des Arabes d'Afrique. Si le fait est
inexact, qu'on en donne les preuves.

Christ), qui se moquait de la science et prétendit tout réformer, ou plutôt tout créer ; car, à l'entendre, jusqu'à lui on n'avait rien su, rien étudié, rien expliqué. Il eut des disciples nombreux aussi hâbleurs que lui. Dès lors, il exista deux écoles de musique rivales l'une de l'autre, l'école pythagoricienne ou des canonistes, et celle des aristoxéniens.

Pythagore trouvait le principe de la musique dans les nombres ; Aristoxène le plaça tout entier dans l'oreille. En quoi, certainement, il innovait ; car ni les Grecs avant lui, ni les Égyptiens avant les Grecs, ni les Chinois avant les Égyptiens ne connurent cette doctrine, qui s'en remet, pour l'appréciation des intervalles musicaux, au seul jugement de l'oreille.

Mais encore, ces nombres, sur lesquels Pythagore et tous ceux qui l'ont précédé, établissaient le système musical, d'où viennent-ils ? où se trouvent-ils ? « Dans le monocorde et les mesures cordales, » dit-on. Comme si le monocorde avait eu par lui-même une division naturelle et fixe, qui pût servir de règle à la mesure des intervalles ? Eh bien ! non ; ce n'est pas au monocorde que Pythagore a demandé les nombres musicaux. L'histoire des marteaux frappant sur l'enclume et sonnant l'un la quarte, l'autre la quinte, un troisième l'octave, est assez connue — presque tous les auteurs anciens et jusqu'en plein moyen âge la content à l'envi[1] — pour que je n'aie pas à la refaire. Sans doute l'histoire est passablement légendaire ; elle prouve du moins que la quarte, la quinte et l'octave étaient considérées dès lors comme les principes formateurs de l'échelle musicale et que, bien loin de s'en rapporter au jugement de l'oreille pour apprécier ces intervalles, Pythagore en cherchait une mesure plus scientifique, qui servît de règle en quelque sorte mathématique, pour calculer tous les intervalles musicaux.

Quant au monocorde, c'est par les nombres représentatifs de la quarte, de la quinte et de l'octave, que les anciens en établissaient la division ou le canon harmonique. On peut le constater dans Euclide, dans Nicomaque, dans Gaudence[2], etc., que suivirent ensuite Boëce et tous les canonistes du moyen âge, ainsi que je l'ai montré dans ma IIe Étude (chap. II). Le critique fait ici une confusion étrange : de ce que les anciens se servaient du monocorde pour former les chanteurs aux justes intonations des intervalles, il conclut que ces intervalles eux-mêmes avaient reçu leur mesure du monocorde. Il oublie, ce semble, que cet instrument doit être réglé tout d'abord, pour faire entendre les sons de la gamme, et que cette règle lui est nécessairement antérieure, qu'elle découle d'un autre principe ou scientifique, comme chez les pythagoriciens, ou empirique, comme chez les aristoxéniens.

---

[1] Cf. ap. MEYB., NICHOMACHI, *Harmonices manuale*, lib. I, p. 10. GAUDENTII, *Harmonica. Introd.*, p. 13.

[2] Cf. MEYB., EUCLIDIS *Sectio Canonis*. NICHOMACHI, *Harmon. Manual.*, lib. I. GAUDENTII, *Harmon. Introd.*, pp. 14-17.

Aussi m'est-il impossible de comprendre ce qu'il a voulu dire, lorsqu'il ajoute : « La gamme qui résulte des résonances harmoniques *ascendantes,* n'étant point tempérée, donne, de fait, des mesures de vibrations assez différentes de celles qui correspondraient aux mesures du monocorde. L'auteur lui-même a reconnu ce fait. » — Résonances harmoniques, tempérament, monocorde et mesures cordales, comment et pourquoi tout cela se trouve-t-il ici mélangé ou opposé l'un à l'autre? J'avoue ne pas le saisir ; mais assurément, ce que j'ai dit à la page indiquée n'y est pour rien. Il s'agit là de tout autre chose, de la distinction à établir entre les intervalles mélodiques et les intervalles harmoniques, distinction que la science réclame et que l'expérience, on l'a vu, confirme absolument.

IV. — Aristoxène et les Orientaux

Restent enfin, chez les Grecs, les aristoxéniens, et, chez les Orientaux, les Arabes et les Turcs, qui font usage de gammes toutes différentes de la nôtre. Le fait est certain ; est-ce la preuve qu'il n'existe pas en musique de gamme naturelle, conforme tout à la fois et à notre organisation musicale et aux lois des vibrations de l'air dans les corps sonores? Devons-nous en conclure que l'oreille seule est juge en dernier ressort de la valeur des intervalles et que toute gamme est bonne, qui plaît à l'oreille, fût-ce au prix d'une éducation forcée et par suite d'une longue accoutumance ?

Nombre de musiciens, je le sais, ne reculent pas devant cette conclusion, et il semble bien que M. le professeur est de ceux-là, puisqu'il écrit : « C'est donc, comme je viens de le dire, non affaire de nature originelle, mais affaire d'éducation et d'habitude, c'est-à-dire de seconde nature. » Me permettra-t-il de lui dire que je suis d'un sentiment tout opposé ; bien plus, que sur ce point c'est chez moi, comme chez beaucoup d'autres, conviction absolue, irréductible? Et nous croyons avoir pour cela de bonnes raisons ; mais les comprendre n'est pas facile à qui n'a pas fait des questions d'acoustique musicale une étude approfondie. J'en veux dire néanmoins quelque chose.

Ou la musique est un art qui a ses règles fixes, déterminées, qui suppose par conséquent une science et des principes certains, sur lesquels il se fonde ; ou bien on n'y trouve ni science ni art véritable, mais tout y est livré au goût de chacun, aux caprices de l'oreille qui fait bon ce qui lui plaît et mauvais ce qui lui déplaît, quitte à modifier ses jugements du tout au tout, suivant les temps, les lieux et les habitudes prises. En ce cas, ne cherchons plus d'artistes parmi les musiciens, ne parlons plus dans les œuvres musicales de beauté, de perfection, de chefs-d'œuvre ; il ne s'agit que de plaire en flattant l'oreille et, pourvu qu'il rencontre des auditeurs capables de se délecter à l'entendre, tout musicien est un maître, sa musique, quelle qu'elle soit, est excellente.

Bon gré mal gré, si en musique tout est affaire, non de nature originelle, mais simplement d'éducation et d'accoutumance de l'oreille, c'est à cette conclusion qu'il faut logiquement en venir : il n'y a point d'art musical, il n'y a qu'une pratique bonne ou mauvaise, suivant qu'elle plaît ou ne plaît pas aux auditeurs. Mais cette conclusion, quel est donc l'homme vraiment musicien qui voudra jamais l'admettre ?

Non, la musique est un art, dont les affinités avec notre nature humaine sont des plus intimes, des plus essentielles; on l'a senti et proclamé de tout temps. « Une faute commise dans un art, tout de convention, comme la poésie, blesse nos oreilles, disait Bernon de Reichenau; que doit-ce être en musique, qui est un art fondé sur la nature ? Oui, la nature humaine a toutes sortes de convenances avec la musique, elle n'en a pas avec la grammaire. Il suffit, dirais-je avec un très savant homme, de descendre en soi-même pour le bien comprendre[1] ».

Qu'on lise, par exemple, les trois livres du *De Musica* d'Aristide Quintilien, et l'on verra quel était sur ce point la pensée des plus érudits parmi les musiciens de la Grèce antique. Et il n'en est guère qui fassent exception, non pas même Aristoxène, que ses paradoxes illogiques n'empêchèrent pas de considérer la musique comme une science, en rapports intimes avec notre nature humaine plus qu'avec rien autre dans l'univers.

Or, d'où vient cet accord, cette conformité naturelle, sinon de ce qu'en musique comme dans notre nature tout est nombre, poids, mesure, tout doit être réglé suivant des lois que nous n'avons point faites, mais qui dominent notre vie tout entière, la vie sensible et la vie intellectuelle, et qui maintiennent partout l'ordre, l'harmonie voulue par le Créateur ? Donnez à la musique un autre fondement que ces lois naturelles, fixes et immuables, placez-la sur le terrain mouvant du goût personnel, du plaisir de l'oreille, elle n'a plus avec notre nature que des convenances superficielles, changeantes et capricieuses; elle peut frapper les sens, elle n'atteint pas l'âme, elle ne résonne plus dans l'intime du cœur humain.

Ce qui en fait un art, et un art sublime, c'est précisément le pouvoir qu'elle possède d'exprimer les pensées, les sentiments de notre cœur, de leur donner un corps pour se manifester aux sens et par les sens pénétrer dans l'âme de nos auditeurs, établir entre eux et nous la communion des pensées et des sentiments. Mais c'est à la condition de répondre à notre nature intelligente autant et plus encore qu'à notre nature sensible, d'impressionner l'une en exprimant l'autre. Et comment répondra-t-elle à l'intelligence, si elle-même est tout entière une création du sens, une œuvre de l'oreille ?

---

[1] Cf. IIIe Ét., p. 84.

Il faut donc qu'il y ait dans la musique un élément intellectuel, un principe d'ordre et de régularité, qui se révèle à l'esprit et s'harmonise avec l'instinct naturel qui nous fait aimer et chercher partout l'ordre, le nombre, les proportions. L'art consiste à user bien de cet élément intellectuel, à savoir le mettre en œuvre pour faire de la musique l'expression vraie, adéquate des pensées de l'esprit; puis à lui associer l'élément sensible dans la mesure nécessaire pour que la pensée, sous une forme qui réponde à sa beauté et à sa perfection, frappe les sens et par eux arrive jusqu'au cœur.

C'est dire que, à la base de la musique, on doit trouver ce principe d'ordre, duquel tout découle, sur lequel tout repose. Il existe, en effet, il est incarné, pour ainsi dire, dans la résonance harmonique. Là sont renfermés tous les éléments propres à constituer un système musical parfait, mélodique et harmonique tout ensemble, c'est-à-dire l'instrument dont l'art musical a besoin pour manifester sa puissance et produire des chefs-d'œuvre.

Mais, objecte-t-on, cette base de la musique est d'invention toute moderne ; les peuples de l'antiquité, ceux même qui cultivent l'art musical en dehors de notre Europe, ne l'ont point connu, ne la connaissent pas encore et cependant la musique est vieille comme le monde. N'avait-elle donc jusque-là ni base ni principe? — Bien au contraire ; de tout temps et depuis les époques les plus reculées de l'histoire, la musique n'eut, en réalité, qu'un fondement unique, un seul principe, la résonance harmonique. On le retrouve ce principe, dans la constitution de l'échelle musicale au moyen âge; tout le système de Pythagore et des Grecs, ses disciples, en découle logiquement; les Égyptiens l'ont, de fait, appliqué dans la formation de leur gamme et de leurs modes ; plus anciennement encore, deux ou trois mille ans avant l'ère chrétienne, ce même principe a servi aux Chinois pour établir leur doctrine des *lu* et calculer les vrais intervalles musicaux. Ce sont là autant de faits curieux, peu connus, quoique bien intéressants pour l'histoire de la musique. Ils feront, je l'espère, l'objet d'une Étude spéciale, dès que le temps et les forces me le permettront.

Le fondement sur lequel j'ai fait reposer toute la théorie musicale n'est donc pas nouveau; il est aussi ancien que la musique elle-même. Sans doute, le phénomène de la résonance harmonique n'était pas compris autrefois comme il l'est chez nous, depuis que la science acoustique avec ses instruments perfectionnés et ses méthodes d'investigation l'a pu étudier dans toute son étendue, en approfondir la nature, en déterminer les lois. Seules, les premières générations harmoniques avaient pu être observées, et c'est d'elles qu'on a tiré les éléments formateurs de l'échelle musicale, l'octave, la quinte et la quarte; aussi les retrouve-t-on partout à la base de la musique et avec des valeurs partout identiques. Quant à la suite de la résonance, elle demeura nécessairement dans l'ombre; pour paraître, il lui fallait une lumière nouvelle et plus forte, due au progrès des sciences physiques à notre époque. Mais alors qu'il ne s'agissait que de fonder un système musical purement mélodique, comme était celui des anciens, ces premières notions étaient bien suffisantes. De fait, elles ont suffi ; car, certainement, ni l'art ni la science ne font défaut à la théorie, dont j'ai reproduit les traits essentiels dans ma IIe Étude.

Finalement, que pensé-je de ces intervalles irrationnels, de ces gammes multiples et si bizarres, auxquelles les musiciens grecs, disciples d'Aristoxène, ont donné droit de cité, que les Arabes et les Turcs pratiquent aujourd'hui encore, non sans un certain plaisir de l'oreille? — Ce que j'en pense? Tout simplement, que l'oreille seule est un bien mauvais juge pour apprécier les choses de la musique, puisque l'éducation et l'habitude peuvent agir sur elle en sens contraire, rendre supportable, voire agréable aux uns ce qui déplait aux autres et les révolte. Je pense que s'en remettre uniquement ou, du moins, principalement à ce mauvais juge du soin de décider ce qui peut être rejeté en fait de gammes et d'intervalles musicaux, c'est s'exposer à bien des erreurs, c'est faire entrer l'art musical dans une voie qui le conduira fatalement à la ruine.

Aristoxène et, après lui, certains théoriciens de la musique arabe, ont cru pouvoir entrer dans cette voie, ils ont donné libre cours à leur fantaisie et imaginé toutes sortes de gammes plus étranges les unes que les autres ; ils ont accoutumé leur oreille aux dissonances que produit une succession d'intervalles faux, sans proportions régulières entre eux et toujours en guerre avec les consonances naturelles. Qu'il y trouvent du plaisir, je le veux bien, c'est leur affaire ; mais, quoi qu'en dise M. le professeur, j'estime que ce plaisir est mince et fort peu artistique. Heureusement, nous ne sommes guère disposés à les suivre ; notre goût musical est trop épuré pour cela, et ce n'est pas la musique arabe, celle du moins que font entendre les Asiatiques demi-civilisés, qui nous convertira jamais à leur système.

On parle de *seconde nature*, fruit d'une habitude invétérée, et on y voit la justification des écarts de l'oreille. Seconde nature, soit ; mais la première vaut mieux, certainement, parce qu'elle est tout entière de Dieu auteur de la nature. Aussi est-elle universelle ; tous la connaissent et tous s'y plaisent instinctivement, même les Grecs, les Turcs et les Arabes [1]. Laissez à l'oreille humaine sa conformation originelle, abstenez-vous de la déformer en lui

----

[1] Non, les Orientaux ne sont nullement choqués de nos intervalles diatoniques ; ils en usent comme nous et ils leur plaisent autant qu'à nous. Ce qu'ils ne peuvent ni comprendre ni goûter, ce sont quelques-unes de nos mélodies, dont le caractère est trop différent des leurs ; c'est notre harmonie surtout, c'est-à-dire ces voix qui se mêlent et qui chantent, chacune à sa manière, ces accords tantôt consonants et tantôt dissonants, auxquels ils ne sont pas habitués, tout l'ensemble de notre système musical qui requiert, en effet, une éducation spéciale de l'esprit et de l'oreille, éducation qui nous a demandé à nous-mêmes plusieurs siècles d'un progrès ininterrompu. Mais cela ne prouve rien en faveur des intervalles irrationnels et arbitrairement faussés.

imposant des habitudes hors nature ; il n'y aura pour elle d'autre gamme juste et pleinement satisfaisante que la gamme diatonique, formée de consonances de quarte, de quinte et d'octave, les seules qui résonnent naturellement sur nos cordes vocales, comme elles font sur celle de la harpe, du piano et autres instruments similaires. C'est un fait qu'atteste, nous pouvons le dire, l'univers entier, puisque partout et toujours, chez les peuplades barbares comme chez les nations les plus civilisées, on a chanté et l'on chante encore sur cette gamme naturelle, avec les seuls intervalles diatoniques.

Oh ! sans doute, dans l'art musical et dans tous les arts humains, on peut, en voulant corriger la nature, pervertir le goût et lui faire trouver bon ce qu'une raison meilleure déclare essentiellement mauvais. Combien d'exemples nous en pourrions citer dans la littérature et la poésie, dans la peinture, la sculpture, l'architecture, etc. Mais semblable perversion fera-t-elle jamais, que l'art parfait ne repose sur des règles immuables, parce qu'elles sont conformes à la nature, parce qu'elles ont pour principe une science certaine, des faits incontestables ?

La musique est un art, on dit même le plus parfait des arts. Elle a donc, elle aussi, des règles et ces règles découlent de principes scientifiquement établis. Qu'on les cherche ; on n'en trouvera pas d'autres que ceux sur lesquels, d'après les maîtres de l'antiquité et des temps modernes, j'ai fait reposer tout le système musical. Ce ne sont pas les fantaisies d'Aristoxène et de quelques demi-savants arabes qui parviendront à ébranler ces principes, à renverser cette base de la musique, posée par la nature elle-même et cimentée par l'accord de tous les siècles.

Veuillez agréer, mon Révérend Père, l'assurance de mon religieux dévouement en Notre-Seigneur.

A. DECHEVRENS.

DU MÊME AUTEUR

Études de Science musicale, 3 vol. grand in-8.

    Tome I. — Ire et IIe Etudes : **Théorie grégorienne.**
    Tome II. — IIIe Etude : **Rythmique grégorienne.**
    Tome III. — **Documents** de la IIIe Etude.

Chez DELHOMME et BRIGUET, édit., 83, rue de Rennes, Paris

Du Rythme dans l'hymnographie latine. 1 vol. in-8°.

Les Universités catholiques, autrefois et aujourd'hui. 1 vol. in-8°.

TOURS. — IMPRIMERIE DESLIS FRÈRES